神話簡史

A Short History of Myth

陳雅馨——譯

當代宗教、神話學界重量級學者
全球暢銷書《神的歷史》作者、TED大獎得主

凱倫・阿姆斯壯
Karen Armstrong ㊕

目錄 CONTENTS

代的人們並不認為農業是純粹的世俗事業。農業造成了人類巨大的靈性覺醒，讓他們對自己和自己的世界有了全新的理解。

四、早期文明 67

——約西元前四〇〇〇年至西元前八〇〇年

隨著城市更加組織化，治安的維持更有效率，強盜土匪被繩之以法，諸神則似乎對於人類的困境越來越漠不關心。於是出現了精神真空的現象。在文明世界的一些角落，舊的靈性生活衰落了，但還沒出現新的事物取而代之。

五、軸心時代 89

——約西元前八〇〇年至西元前二〇〇年

西元前八〇〇年，四個不同的地區都出現了令人印象深刻的先知或聖賢。德國哲學家雅斯培斯將這個時期稱為「軸心時代」，因為這個時代證明是人類靈性發展的關鍵時期。

六、後軸心時代

——西元前二〇〇年至西元一五〇〇年

115

軸心時代後，有超過一千年的時間再也沒有出現一個可與之相提並論的變革時代。無論在靈性與宗教層面，我們都仍仰賴軸心時代聖賢哲人所留下的洞見，直到西元十六世紀，神話在人們心目中仍維持著不變的地位。

七、西方大轉型期

——西元一五〇〇年至西元前二〇〇〇年

129

這是人類經驗中最近一次的偉大革命。就像農業的發現或城市的發明，這次革命也具有深遠的影響，儘管對此我們才剛剛開始有所體會。人們的生活經歷了巨大的改變，但也許這個新實驗的最重要（也可能是最具災難性的）結果是，神話的死亡。

編輯人語

本書作者凱倫·阿姆斯壯，可以說是當代西方最知名且擁有卓越洞見的宗教思想家之一。在這本《神話簡史》中，她以深厚的知識與簡潔明快的筆觸，帶領讀者走了一趟從史前時代到近現代的神話之旅。

在科學技術、理性思維主導的當代社會，人類運用務實的理性觀察客觀事物、組織社會、開發新技術，卻也間接導致了諸如種族滅絕、自然環境受創的後果。我們似乎看不太到人類的悲憫心與對萬物的尊重，原本的理性思維似乎也無法避免這樣的糟糕後果出現，更無法處理隨這些後果而來的恐懼與不安。人類心靈陷入了困境。

在古代世界，一如凱倫·阿姆斯壯所說，無論多麼卑微的事物都是神聖事物的體現。早期人類看著一塊石頭，看到的不是毫無生氣、死氣沉沉的東西，而是石頭體現出來的力量、永恆與堅固的品質。他們認為神、人、動物和自然本是一體的、不可分割的，而且遵守著同樣的法則。

於是他們創造了神話，或者神話思維，除了用以對抗與超越當時險惡又混亂的生存環境，也藉由神話指向的永恆事物，確認自己在這個世界上應有的位置與方向。

或許，神話思維和理性思維是相輔相成的，兩種思維模式都是人類所需。神話無法告訴獵人如何殺死獵物，因為這是理性思維的工作，但神話思維卻能幫助他處理殺害動物之後產生的複雜情緒。理性思維有效、實用，可是無法回答關於人類生命終極價值的問題，也無法減輕人類的痛苦與悲傷。

閱讀此書，讀者應該不時能感受到全書是以整體人類文化的終極關懷為依歸，說的是神話的歷史，同時也是人類的精神史。

本次出版《神話簡史》，除了以更貼近現代人的語言重新翻譯，內文也針對我們認為讀者可能有的疑惑之處進行說明。我們希望透過本書，不僅讓讀者再次認識神話這門藝術，也希望為這個瀰漫無意義感的當代社會提供另一種不同的思路，重新思考生命的意義。

一、什麼是神話？

人類一直在創造神話。從考古學家發掘出的尼安德塔人墓穴中，我們找到了武器、工具以及用於獻祭的一具動物骸骨，這一切都表明他們相信有一個與他們的世界相似的未來世界存在。尼安德塔人也許會跟彼此述說故事，關於他們死去同伴們正在享受的生活。他們當然也會以一種有別於其他生物的方式來思考死亡。動物們看著彼此死去，但就我們所知，牠們對死亡這件事並無進一步的思考。但尼安德塔人的墓穴顯示，當早期人類意識到他們必死的命運時，他們創造了某種反敘事，好讓他們學會接受它。小心翼翼地埋葬了他們死去同伴的尼安德塔人，似乎想像眼前這個看得見的物質世界並不是唯一的真實。因此從很早的時候開始，人類似乎就因為擁有超越日常經驗的思考能力，而有別於其他生命。

人類是追尋意義的造物。就我們所知，狗不會為狗的狀況而苦惱，也不會擔憂世界上其他地方的狗兒所面臨的困境，或是試著從不同角度來看待牠們的生活。但人類卻很容易陷入絕望，從最初的時候，我們就創造了故事，故事讓我們能將我們的生命放在一個較大的背景中，故事也揭露出潛藏的模式，即使面對所有令人沮喪和混亂的相反證據，故事仍讓我們有種感覺——我們的生活是有意義與價值的。

人類心靈的另一個特質是，我們能擁有無法以理性解釋的想法與經驗。我們擁有想像力，這種能力讓我們能夠去思考不存在於眼前的事物，當我們初次構想這樣的東西時，它並沒有客觀的存在。想像力這種能力創造了宗教與神話。今天，神話思維已變得聲名狼藉，我們常將神話斥之為非理性及自我放縱的思維。但想像力這種能力也讓科學家能夠孕育新知，發明那些大大提高我們效率的科技。科學家的想像力讓我們能夠旅行外太空、在月球上行走，這些都是過去只有在神話中才能實現的壯舉。

神話與科學都擴展了人類的視野。就像我們即將看到的，正如科學與技術，神話不是選擇離開世界，而是讓我們更投入於我們在這個世界的生活之中。

尼安德塔人的墓穴告訴我們關於神話的五件要事。首先，神話幾乎總是根源於人類的死亡體驗，以及對滅絕的恐懼。第二，動物的骸骨表明，人類在埋葬時進行了獻祭。神話往往與儀式是分不開的。脫離了賦予神話生命的儀式性戲劇場景，許多神話就會變得毫無意義；在世俗的背景下，神話也會變得難以理解。第三，尼安德塔人某程度上是在一個墓穴，也就是在人類生命的極限處回憶起他們的神話。最強大的神話是關於極限的神話，它們迫使我們去超越我們的經驗。總有那麼些時刻，我們每個人都必須以某種方式前往某個從未見過的地方、做我們從未做過的事。神話是關於未知的故事，它是關於那些我們最初沒有言語可表達的事物。神話因此乃是對巨大沉默的一種窺視。第四，神話不是為了故事本身而說的一個故事。神話告訴我們我們應該要有怎樣的行為表現。在尼安德塔人的墓穴裡，屍體有時被擺放成胎兒的姿勢，彷彿是為了重生：逝者必須自己踏出下一步。對於神話的正確理解是，神話使我們進入一種正確的精神或心理狀態，以便我們能在此世或來世採取正確的行動。

最後，所有的神話都提及和我們的世界平行存在，並在某種意義上支持著我們世界的另一個平面。這個不可見但卻更為強大的真實，有時也被稱為神的世界，對於此一真實的信念是神話的一個基本主題。它被稱為「長青哲學（perennial philosophy）」，因為在我們的科學現代性出現前，它是所有社會的神話、儀式和社會組織的共同內涵，並在今天仍持續影響著那些更傳統的社會。根據這個長青哲學，世界上發生的每一件事，也就是我們能在這世界上見到及聽聞的一切，在神性世界中都有一個對應物，比我們世界的更豐富、更強大也更持久。[1]而每個屬於這個世界的實在都只是其原型也即原始模型的一個蒼白陰影罷了，前者只是後者的一個不完美複製品。只有透過參與這種神聖生活，必死而脆弱的人類才能實現他們的潛能。神話為人們直觀感知到的真實賦予了明確的輪廓與形式。它們告訴人類諸神的行為舉止，不是僅僅出於無謂的好奇或是因為這些傳說很有趣，而是為了讓人人都能夠模仿這些強大的存在，讓他們能夠自己體驗神性。

在我們的科學文化中，我們對於神聖事物的看法往往過於簡化。在古代

1 Mircea Eliade, *The Myth of the Eternal Return or Cosmos and History* (trans. Willard R. Trask, Princeton, 1994), *passim.*

世界中，人們很少認為「諸神」是有獨立人格的超自然存在，也就是與人完全分離的形上的存在。神話不是現代意義上的神學，神話述說的是人類的經驗。人們認為神、人、動物和自然彼此聯繫、不可分割、遵守著同樣的法則，並且是由同樣的神聖物質所構成。起初，在諸神的世界和人類男女的世界之間並不存在本體論的鴻溝。當人們提及神聖事物時，他們通常談到的是世俗的某個方面。諸神的存在無法與暴風、海洋、河流區隔，也無法與那些強烈的人類情感——愛、憤怒或性的激情分離開來，這些情感似乎能夠暫時將人類提升到一個不同的存在平面，讓他們得以用新的眼光來看待這個世界。

因此，神話的目的就是用來幫助我們應對人類的困境。神話幫助人們在這個世界上找到自己的位置，以及自己真正的方向。我們都希望知道我們從何處來，但因為我們最初的起源已遺失在歷史之前的迷霧中，我們於是創造了關於我們祖先的神話，這些神話雖不是歷史的紀錄，但卻有助於解釋我們現在對於我們的環境、鄰人以及習俗所持的態度。我們也希望知道我們將往何處去，因此我們編造了一些故事來講述死後的存在，儘管正如我們將要看到的，想像人類不朽的神話並不多。我們還希望能夠解釋那些超凡的時刻，在那些時刻我們似乎被帶到超越日常掛慮的一種境界。諸神的概念幫助我們解釋我們的超越體驗。長青哲學表達出我們的內在直覺，我們認為人類和物質世界以外，還有肉眼未見的存在。

今天，「神話」一詞常被用來描述某個不真實的東西。被控行為有瑕疵的政治人物會說那些指控是「神話」，也就是事情從來沒有發生過的意思。當我們聽到神在地上行走，死人大步走出墳墓，或海水奇蹟般分開讓神所喜愛的人民逃離仇敵之手時，我們將這些故事斥之為荒唐，認為它們顯然不是真的。從十八世紀起，我們就發展出一種科學史觀，在這個史觀中，實際上發生了什麼才是我們最關切的。但是在前現代的世界裡，當人們書寫過去時他們更關注事件的意義。神話是一個事件，某種意義上曾經發生過一次，但也持續在發生的事件。由於我們嚴格按照年代順序的史觀使然，我們沒有言語可以形容這樣的事件，然而，神話是一種藝術形式，它超越歷史，指向人類存在中的永恆事物，幫助我們超越隨機事件的混亂易變，使我們得以窺見真實的核心。

超越性的體驗始終是人類經驗的一部分。我們尋求狂喜神馳的時刻，在那些時刻，我們感覺自己的內在被深深觸動，並暫時提升到超越自我的境界。這時，我們似乎比平常更淋漓盡致地活著，我們能量爆發，感覺整個人都處於巔峰狀態。宗教一直是達到狂喜神馳的最傳統方式之一，但如果人們不再在寺廟、猶太會堂、教堂或清真寺獲得這種體驗，他們就會在藝術、音樂、詩歌、搖滾樂、舞蹈、藥物、性或運動等其他地方找尋它。即使面對著死亡、即使即將毀滅的前景使我們陷入絕望，宗教都應該和詩歌和音樂一樣，使我們覺醒而進入狂喜。如果神話辦不到這點，那它就死了，不再有用了。

因此，認為神話是種低等的思維模式，一旦人類進入理性年代就可以將神話拋棄，這樣的想法是錯誤的。神話不是書寫歷史的早期嘗試，也不宣稱它的傳說是客觀事實。就像是小說、歌劇或芭蕾舞，神話是種虛構；它是個遊戲，它美化了我們分崩離析的悲慘世界，幫助我們藉著追問「如果……會如何？」的問題而看見新的可能性，這個問題也激發了一些我們在哲學上的最重要發現。和所有的神話創作者一樣，為他們死去的同伴預備著新生活的尼安德塔人，也許也曾加入這場精神虛構的遊戲：「如果這個世界不是現在這樣子，那會是什麼樣？這會在心理面、實際面和社會面上如何影響我們的生活？我們會變得不一樣嗎？會變得更完整嗎？還有，如果我們發現自己有這麼大的轉變，那麼這豈不是表明我們的神話信仰某程度上是真實的，而神話正在告訴有關我們人性的某些重要訊息嗎，即使我們無法從理性上證明這點？」

人類因保有遊戲的能力而獨一無二。[2]除非生活在人工圈養的狀態中，否則其他動物面對野外生活的殘酷現實時，就會失去牠們早期的玩心。然而，人類的成人持續享受著不同可能性所帶來的玩耍樂趣，而且就和孩子一樣，我們仍繼續創造出想像的世界。在藝術中，從理性與邏輯的拘束解放出

2 J. Huizinga, *Homo Ludens* (trans. R.F.C. Hall, London), 1949, 5–25.

來的人類，構思並結合新的形式來豐富我們的生活，我們相信這些藝術形式告訴我們一些重要而深刻的真理。在神話中，我們嘗試提出一個假設，透過儀式賦予它生命，據此而採取行動，思考它對我們生活的影響，並且發現我們已經對我們世界這個惱人的謎團有了新的洞見。

因此，神話是因為有效所以真實，而不是因為它向我們透露了有關事實的訊息。然而，如果神話不能讓我們對生命的深層意義產生新洞見，它就失敗了。如果神話是成功的，也就是說如果神話迫使我們改變我們的心思與情感，帶給我們新的希望，並要求我們過更充實的生活，它就是個有效的神話。只有當我們遵從神話的指令時，神話才能改變我們。神話的本質就是本指南；它告訴我們為了生活得更豐富，我們必須做什麼。如果我們不將神話運用到我們自己的處境中、不讓神話在我們的生命中成為現實，神話就會跟桌遊規則一樣難以理解、遙不可及；在我們開始玩之前，我們常會覺得桌遊的規則令人困惑而無聊。

現代社會對神話的疏離是前所未有的現象。在前現代的世界，神話是不可或缺的。它不但幫助人們理解他們的生活，也揭露了人類心靈中我們原本無法觸及的領域。神話是心理學的早期形式。神或英雄進入地底世界，穿越迷宮並與怪獸搏鬥的故事揭露了人類心靈的神祕運作，告訴人們如何應對自己的內在危機。當佛洛伊德與榮格開始描繪人類對靈魂的現代追求時，他們直覺地採用古典神話來解釋他們的洞見，並以新的方式詮釋了古老的神話。

這並不是什麼新鮮事。從來不存在一個單一、正統的神話版本。隨著我們的環境改變，為了揭示其中的永恆真理，我們需要用不同的方式來述說我們的故事。在這段神話簡史中，我們應該看見，每當人們向前邁進一大步時，他們就會重新檢視他們的神話，並讓神話告訴他們該如何面對這些新的情況。但我們也應該看見，人性本質並沒有太大改變，為了那些與我們截然不同的社會而創造出來的許多神話，今天仍在應對著我們最根本的恐懼與欲望。

二、舊石器時代：獵人神話

——約西元前二〇〇〇〇年至西元前八〇〇〇年

人類完成生物演化的時期，也是人類史上最漫長、最具可塑性的時期。從許多方面來說，這也是個令人恐懼而絕望的時代。早期人類尚未發展出農業，他們無法種植出自己的食物，只能依靠狩獵與採集。就像人類為了殺死獵物並在某程度上控制他們的環境而發明出狩獵武器與技巧一樣，神話對他們的生存也至關重要。和尼安德塔人一樣，新石器時代的人類沒有留下關於他們神話的任何文字記錄，但事實證明，這些故事對人類了解自己以及他們困境的方式是如此重要，以致於儘管支離破碎，但它們仍通過時間的考驗，透過後來文字文化的神話而保存下來。關於這些原始人類的經驗以及他們關注的事，從俾格米人（Pygmies）或澳大利亞原住民這些和舊石器時代人類一樣仍生活在狩獵社會，並且未經歷過農業革命的原住民族那裡，我們可以獲得許多認識。

透過神話與符號來進行思考對這些原住民族來說是很自然的，民族學者和人類學者告訴我們，這是因為他們對於日常生活中的靈性維度有著高度意識。對工業化的都市社會而言，我們稱為神聖或超凡的體驗充其量只是個遙遠現實，但是對例如澳洲原住民來說，它們不但是不證自明，甚至還比物質世界更為真實。「夢時空（dreamtime）」（澳洲原住民在睡眠和異象中的體驗）是永恆而「時刻常在（everywhen）」的。日常生活由死亡、變遷以及事件無盡的連續、四季的循環所主導，而夢時空則是其穩定的背景。夢時空是祖靈的居住地，他們是強大、原型的存在，教導人們生活中的必備技能，如狩獵、戰爭、性、編織及製作籃子。因此，這些都是神聖的活動，而不是世俗的；它們會將凡間男女帶入與夢時空的接觸。舉例來說，當一個澳洲原住民去打獵時，他會致力於模仿「第一獵人（First Hunter）」的行為，以至於他覺得自己與他完全合而為一，並全然進入那個更為強大的原型世界。只有當他體驗到這種與夢時空的神祕合一時，他的生命才有意義。之後他離開那種原初的豐饒，回到時間的世界，他擔心這個時間的世界將吞噬他，使他一生的努力終歸化為烏有。[3]

3 Huston Smith, *The Illustrated World Religions, A Guide to our Wisdom Traditions* (San Francisco, 1991), 235.

精神世界是如此迫近而令人無法抗拒的強烈現實，以至於原住民族認為，人類必定曾經更容易進入這個世界。我們在每個文化中都找到了失樂園的神話，在這個神話中，人類曾經居住在樂園裡，與神相近並能每天接觸到神。他們是不朽之身，與彼此和動物、自然都和睦同居。在這個世界的中心有一棵樹、一座山，或是一根杆子，連結著天與地，人們很容易就能爬上它並抵達神的國度。然後大災難降臨了，山崩塌，樹被砍，讓前往天堂變得更為困難。黃金時代（Golden Age）的故事是一種非常早期、幾乎是普世性的神話，其用意從來不是作為歷史紀錄。這種神話源自於人類自然產生的對神聖事物的強烈體驗，表達的是他們對於那個幾乎可觸及但又始終在一步之遙的誘人現實的感受。古代社會的大部分宗教與神話都充滿了對於這座失樂園的渴望。[4]然而，這個神話並不只是一種懷舊心理的體現。它的主要目的是告訴人們如何回到這個原型世界，不是僅在異象狂喜的那些時刻，就是當他

---

4 Mircea Eliade, *Myths, Dreams and Mysteries, The Encounter between Contemporary Faiths and Archaic Realities* (trans. Philip Mairet, London, 1960), 59–60.

們在行使自己日常生活的經常性職責時，也可以做到。

今天，我們將宗教與世俗分隔開來。這對舊石器時代的獵人來說根本難以理解，因為對他們而言沒有任何東西是世俗的。他們所看見或體驗到的一切，在神聖世界中的對應物面前都是透明的。無論是多麼卑微的事物，都可以是神聖事物的體現。[5]他們所做的一切都是讓他們與諸神建立聯繫的一種聖禮。即使是最尋常的行動都是讓凡人參與這個「時刻常在」的永恆世界的儀式。對我們現代人來說，符號從本質上就與它引導我們去關注的那個不可見的現實分離，但是希臘文中的 symballein 一字的意思卻是「湊在一起」，也就是兩個迄今為止完全相異的東西變得無法分離，就像是雞尾酒中的琴酒與通寧水。當你凝視這世上的任何一個物體時，你就來到它在天上的對應物面前。這種神聖世界的參與感對於神話的世界觀至關重要：神話的目的就是要讓人們更充分意識到靈性維度的事物，這些事物從四面八方圍繞著人們，

5 Ibid., 74.

並且是生命中一個自然的組成部分。

最早的神話教導人們透過有形世界的表象去看見一個似乎體現某個**其他東西**的現實。[6]而且這樣做並不需要信仰上的飛躍，因為在這個階段神聖與世俗之間似乎不存在形而上的鴻溝。當這些早期人類看著一塊石頭時，他們看見的不是毫無生氣、死氣沉沉的一塊石頭。這塊石頭體現了力量、永恆、堅固，以及與脆弱的人類狀態截然不同的一種絕對的存在方式。正是它的他異性（otherness）使它成為神聖的。在古代世界，石頭是一種聖顯（hierophany）——神聖事物的啟示。同樣地，能夠毫不費力地進行自我更新的樹，則是凡人男女無法擁有的某種神奇生命力的具體化身與顯現。當人們看著月亮的陰晴圓缺時，他們又看見了那種神聖的重生力量，[7]它是那個既嚴酷可懼、又慈愛安慰的法則存在的明證。樹、石頭與天體自身從來不是

6 Mircea Eliade, *Patterns in Comparative Religion* (trans. Rosemary Sheed, London, 1958), 216–19; 267–72.

7 Ibid., 156–85.

崇拜的對象，它們之所以受到尊崇是因為它們是某種隱藏力量的顯現，在所有自然現象中都可看見這種力量的強而有力的運作，暗示著人們另一個更強大的現實的存在。

一些也許可追溯到舊石器時代的最早期神話與天空有關，這似乎是人們有關神聖事物概念的最早來源。當他們凝視著無限、遙遠、與他們微不足道的地上生活幾乎天差地別的天空時，人們獲得了宗教體驗。[8]天空高高在上地俯視他們，無邊無際、遙不可及、永恆不朽。這正是超越性與他異性的本質。它不受人類的所作所為影響。天空中的雷電、日月蝕、暴風雨、夕陽、彩虹及流星就像一齣不散場的戲，訴說著另一個無窮活躍的維度，這維度本身就擁有充滿活力的生命。當人們凝視天空時，懼怕與喜悅、敬畏與恐懼也同時充塞他們的胸臆。天空吸引著他們，也排拒著他們。正如偉大的宗教史學家魯道夫·奧圖（Rudolf Otto）所描述的，天空的本質就是神聖的。不需

8 Eliade, *Patterns in Comparative Religion*, 38–58.

要任何想像的神祇隱藏在背後，天空就其本身而言，就是個「令人戰兢懼怖的誘人神祕（mysterium tremendum, terribile et fascinans）」。[9]

這引導我們認識到神話與宗教意識的一個基本要素。在我們這個懷疑主義的年代，人們經常認為，人們是因為想要從他們崇拜的神祇那裡得到一些東西才會信教。他們只是想要讓「掌管一切權力者（Powers That Be）」站在自己這邊。他們想要各種福祉，並認為他們可以說服諸神向他們施與恩惠。但事實上非常早期的聖顯表明，敬拜神不必然是出於自利的動機。人們不想要從天空那裡得到任何東西，並且非常清楚自己無論如何也不可能影響它。從最早的年代起，我們就已經深深體會我們的世界是極其神祕的；我們不得不對它敬畏與讚嘆，而這種態度正是敬拜的本質。後來，以色列人用了 qaddosh 這個詞來代表神聖的事物，它當時的意思是「分離、他者」。純粹的超越性體驗本身就能深刻地滿足人類。它讓人們意識到一個全然超越他們

9 Rudolf Otto, *The Idea of the Holy, An Inquiry into the non-rational factor in the idea of the divine and its relation to the rational* (trans. John Harvey, Oxford, 1923), 5–41.

自身的存在，由此而帶給人們狂喜的體驗，並將他們的情感與想像力超拔到超過他們有限環境與條件的高度。我們很難想像這樣的天空能被可憐、弱小的人類「說服」，而為他們的意志服務。

在舊石器時代過了很久之後，天空仍一直是神聖的象徵。但一個非常早期的發展表明，如果神話訴說的現實過於超越，它就會發揮不了作用。如果一個神話無法讓人們能夠以某種方式參與到神聖事物中，它就會變得不切實際，並逐漸從他們的意識中淡出。在某個時間點（我們不知道確切的發生時間），世界各地的人們開始人格化天空。他們開始述說關於一個「天空之神（Sky God）」或「至高神（High God）」的故事，這個神從虛空中隻手創造出天地。這個原始形式的一神論幾乎肯定能追溯到舊石器時期。在人們開始崇拜許多神祇之前，世界上有許多地方的人們只信奉一位至高無上的神，祂創造了這個世界並從遙遠的地方統治著人類事物。

幾乎每個萬神殿裡都供奉著自己的天空之神。人類學家也在俾格米人、澳洲原住民和火地人（Fuegian）等部落民族中發現祂。[10] 祂是所有事物的第一因，也是天地的主宰。從來沒有形象可以代表祂，祂也沒有神祠或祭司，因為祂太過崇高，人類的崇拜配不上祂。人們渴望在禱告中親近他們的至高神，他們相信祂看顧著他們，相信祂會懲罰一切的惡行。然而祂卻不參與他們的日常生活。這些部落人說祂是他們無法表達的，祂也不能跟人的世界打交道。人們可能在面對危機時求助祂，但祂卻不在，人們常說祂已經「離開了」或「消失了」。

古代美索不達米亞人、吠陀印度人、希臘人或迦南人（Canaanite）的天空之神信仰都是因此而邁向衰微。在所有這些民族的神話中，這位至高神充其量只是個陰暗、無力的角色，在萬神殿中只有邊緣的地位，更有活力、更有趣也更可親近的神祇，如因陀羅（Indra）、恩利爾（Enlil）或巴力（Baal）則開始嶄露頭角。有些故事解釋了至高神是如何被罷黜的，例如一個希臘的

10 Eliade, *Myths, Dreams and Mysteries*, 172–8; Wilhelm Schmidt, *The Origin of the Idea of God* (New York, 1912), *passim*.

天空之神烏拉諾斯（Ouranos）其實是被他的兒子克羅諾斯（Kronos）給閹割的，這個神話可怕地描繪了這些造物主的無能，祂們與人類的日常生活是如此脫節，以至於成了邊緣人。人們可以在每一次暴風雨時體驗到巴力的神聖大能；每當他們被戰鬥的超越性狂暴席捲時，他們就感覺到因陀羅的力量。但是舊的天空之神完全不插手人們的生活。這個非常早期的發展清楚說明了一件事：神話如果完全專注於超自然的事物，那它就不會成功；只有當它主要關切的對象是人類時，它才能維持重要的地位。

天空之神的命運提醒我們另一個人們普遍持有的誤解。人們通常認為早期神話提供科學時代之前的人們有關宇宙起源的訊息。天空之神的故事正是這種思考的代表，但是這個神話失敗了，因為它不觸及人們的日常生活，沒有對於人性的教導，也不幫助他們解決長期困擾他們的問題。天空之神的式微有助於說明為何猶太人、基督徒和穆斯林所崇拜的造物主會從許多西方人的生活中消失。神話並不告知事實，它主要是個行為指南。只有當人們（在儀式上或是倫理上）將神話付諸實踐時，神話的真理才會被揭露。如果只是將它當成一個純粹知識上的假設來考察，神話就會變得遙不可及、令人難以置信。

至高神的地位也許下降了，但天空並未失去它的力量，它仍提醒人們神聖事物的存在。高度仍舊是神話中神聖事物的象徵——舊石器時代靈性活動的一個遺跡。在神話與神祕主義中，俗世男女會定期求告上天，並設計引導人進入宗教神迷及高度專注的儀式與技巧，讓人們能透過讓意識「上升」到一種「更高」的狀態來實踐這些升天的故事。古聖先賢宣稱他們已穿越天界的各個層次，並抵達神聖的領域。瑜珈行者據說能飛天；神祕主義者漂浮；先知攀上聖山，進入一種更崇高的存在模式。[11]當人們渴望天空所表徵的那種超越經驗時，他們覺得自己可以逃離人類的脆弱境況，進入到那以外的世界。這就是山在神話中經常如此神聖的原因；因為山位於天地之間，是像摩西這樣的人和他們的神見面的地方。所有文化都有關於飛翔與升天的神話，

11 Eliade, *Patterns in Comparative Religion*, 99–108.

這種神話表達了超越並從人類境況的束縛中解放出來的普遍而強烈願望。這些文化不應該從字面上來解讀。當我們讀到耶穌升天的故事時，我們不該想像他旋轉飛越同溫層。當先知默罕默德從麥加飛到耶路撒冷，接著攀爬天梯來到神聖寶座前時，我們理解到這代表他已經突破並達到了靈性的新境界。當讀到先知以利亞乘著火戰車升天時，我們知道他已將人類的脆弱境況拋在身後，進入到一個超越我們凡俗經驗的神聖領域。

學者們認為，最早的升天神話可追溯至舊石器時代，與薩滿有關，薩滿是狩獵社會的主要宗教實踐者。薩滿精通宗教神迷與狂喜，他們的異象和異夢具體而微地展現了狩獵精神，並賦予它靈性上的意義。狩獵是十分危險的活動。獵人要離開他們的部落數天，他們必須暫時放棄洞穴的安全保護，冒著生命危險將食物帶回給他們的族人。然而，正如我們將看到的，這不只是一項以實用為目的的業務，而是像他們的所有活動一樣，還有一個超越的面向。薩滿也會展開某種探索，只不過他的探索是種靈性上的探索。人們認為他有能力離開他的身體，以精神的形式旅行到天上的世界。當他進入宗教神迷狀態時，他會飛到空中、為了他的族人與諸神交談。

在法國拉斯科（Lascaux）和西班牙阿爾塔米拉（Altamira）的舊石器時代洞窟聖殿中，我們發現了描繪狩獵的繪畫；在動物和獵人旁，繪有帶著鳥面具的人，暗示飛翔，這些人可能就是薩滿。即使在今天，從西伯利亞到火地島的狩獵社會中的薩滿仍相信當他們進入宗教神迷狀態時，他們就會升入天堂並與神交談，就像遠古黃金時代的所有人們一樣。薩滿受過狂喜技巧的特殊訓練。他有時會在青少年時代經歷過心理上的崩潰，這代表他與他舊有的世俗意識割離開來並重新獲得一種力量，這種力量曾給了最早的人類，卻又在後來遺失了。在特殊儀式期間，薩滿會在鼓聲與舞蹈的陪伴下進入宗教神迷狀態。他常爬上一棵樹或一根杆子——曾連結天與地的神樹、神山或天梯的象徵。[12] 一位現代薩滿曾這樣描述他從地底深處到天堂的旅程：

「人們唱歌時，我就跳舞。我進入地底。我去一個地方，像是人們喝水

---

12 Eliade, *Myths, Dreams and Mysteries*, 54–86.

的地方。我走了很長的一段路，路很遠……當我從地底出來時，我已經在爬了。我爬上臺階，南方的台階……當你到達上帝的地方時，你會表現出卑微的樣子……你會表現出在那裡該有的樣子。然後你回到大家都在的地方。」[13]

就像獵人的危險遠征，薩滿的任務是與死亡交手。當他回到他的社群時，他的靈魂不在身體裡，他的工作伙伴必須把他喚醒，他會「抓住你的頭，拍打你兩側的臉頰。你就是這樣重新活過來的。朋友們，如果他們不這樣對你，你就會死……你就死了，變成死人了」。[14]

靈性上的飛升跟身體的旅行無關，它只是種狂喜狀態，在這種狀態下人們感覺靈魂離開了身體。如果沒有先進入地底深處，就無法升到最高的天堂；如果沒有死亡就不會有新生。這種原始靈性的主題會反覆出現在所有文化的神祕主義者和瑜伽行者的靈性之旅中。這些有關升天的神話和儀式都能追溯至人類歷史的最早期，這點十分重要。這意味著人類的根本渴望之一就

13 Joseph Campbell with Bill Moyers, *The Power of Myth* (New York, 1988), 87.

14 Ibid.

是「超越」人類狀態的渴望。一旦人類完成了演化的進程，他們就發現對超越的渴求早已內建為人類境況的一部分了。

只有狩獵社會中才有薩滿活動，動物在他們的靈性生活中扮演重要角色。在訓練過程中，一位現代薩滿有時會和動物一起在野外生活。他會遇見一隻動物，這隻動物會指導他狂喜的祕密、教導他動物的語言，然後成為他的固定同伴。人們不認為這是一種倒退。在狩獵社會，人們不把動物視為較低等的存在，反而認為動物擁有更高的智慧。動物知道長壽和長生不死的祕密，透過與動物的交流，薩滿的生命於是得到了強化。在黃金時代，墮落前的人類曾被認為可以和動物交談，但是直到薩滿恢復這個人類墮落前的技巧前，人類一直都無法再升到神的世界。[15] 薩滿的旅程也有個實用的目的。就像獵人一樣，他給族人帶來食物。例如在格陵蘭，愛斯基摩人就相信海豹屬於一個被稱為動物之主的女神。當缺少獵物時，人們就會派薩滿去平息她的

15 Eliade, *Myths, Dreams and Mysteries*, 63.

怒氣並結束饑荒。[16]

舊石器時代的人們很可能也有類似的神話和儀式。**智人（homo sapiens）**也是「獵食人猿（the hunter ape）」，他捕食其他動物，殺死並食用這些獵物，[17]這個事實至關重要。舊石器時代的神話似乎還有一個特點，那就是他們對那些人們現在認為有必要殺死的動物表現出極大的尊敬。人類並不是天生的獵手，因為他們體能較弱，比起他們的大多數獵物，他們的身材也更矮小。他們必須開發新武器和新技術才能彌補這個劣勢。但更大的問題在於心理上的矛盾。人類學家指出，現代原住民族經常把動物或鳥類稱為「族類」，認為動物和自己屬於同一層級。他們會述說關於人類變成動物或**動物變成人**的故事；殺死一隻動物等於殺死一個朋友，所以部落成員在成功狩獵之旅後常會感到內疚。由於這是個整個過程都籠罩在高度焦慮中的神聖

16 Walter Burkert, *Homo Necans, The Anthropology of Ancient Greek Sacrificial Ritual and Myth* (trans. Peter Bing, Los Angeles, Berkeley and London, 1983), 88–93.

17 Ibid., 15–22.

活動，於是人們將這項活動賦予了儀式的莊嚴感，並用儀式和禁忌層層包圍它。獵人在出發前必須禁慾並讓自己保持在儀式的潔淨狀態；殺死獵物後，他們將肉從骨骼上剝下再慎重地陳列骨架、頭骨和毛皮，企圖重建這隻動物並賦予它新生命。[18]

最早的獵人似乎也感覺到類似的矛盾心理，他們必須學會這艱難的一課。在農業時代前他們無法種植自己食物，因此要保存自己的生命就意味著摧毀那些他們覺得與自己極為類似的生物。他們的主要獵物是大型的哺乳動物，這些動物的身體與面部表情都跟他們十分相似。獵人們可以看到牠們的恐懼，並對牠們懼怕的哀號感同身受。牠們的血像人血一樣流動。面對這種可能是難以忍受的內在矛盾，人們於是創造了神話和儀式，好讓他們能夠接受對自己同胞生物的殺戮，這些神話和儀式在後來文化的神話中保存下來。在舊石器時代很久後，人們仍覺得殺戮及消費動物是件不愉快的事。幾乎所

18 Campbell, *The Power of Myth*, 72–74; Burkert, *Homo Necans*, 16–22.

有的古代宗教體系其核心都是動物祭祀儀式，這種儀式保留了古老的狩獵儀式，並對這些為了人類犧牲了自己生命的野獸表達敬意。

因此，神話的第一次百花齊放就是發生在**智人**成為 homo necanssa，也就是「殺戮之人」的時代，當人發現自己很難接受生存在一個暴力世界的生存境況時。神話常起源於對於實際問題的深刻焦慮，這種焦慮無法透過純粹的邏輯論證來加以緩解。當人類發展狩獵技巧時，他們一直都能透過開發他們異常巨大大腦的理性力量來彌補自己身體上的缺陷。他們發明了武器，學會如何以最大的效率來組織他們的社會並進行團隊合作。即使在這個早期階段，**智人**也在開發著希臘人所謂的**理性思維**（logos），這種邏輯、實用及科學的思維模式讓他們在這世界上運作得相當成功。

理性思維和**神話思維**極為不同。不像神話，**理性思維**必須準確地對應客觀事實。當我們希望讓事情發生在外在世界：當我們想要組織我們的社會，或是開發新技術時，我們就會運用這種心智活動。不像神話，**理性思維**基本上是務實的。當神話回顧神聖原型的想像世界或是失落天堂時，**理性思維**卻穩步向前，持續嘗試發現新的事物、改進舊的見解、創造驚人發明，並不斷強化對於環境的控制。然而，神話和**理性思維**都有其侷限。在前現代世界中，大部分的人明白神話和理性是相輔相成的；它們各有擅場、各有其特殊能力，這兩種思維模式都是人類需要的。神話無法告訴獵人如何殺死他的獵物或是如何有效率地組織一次遠征，但是它能幫助他處理他對於殺害動物所產生的複雜情緒。**理性思維**有效、實用、理性，但它無法回答關於人類生命終極價值的問題，也不能減輕人類的痛苦與憂傷。[19]因此，從一開始**智人**就直覺地了解神話和**理性思維**有不同的工作要做。他用**理性思維**來開發新武器，用神話及其伴隨的儀式來和生命的悲劇性事實取得和解，否則這些悲劇性事實可能會淹沒他，令他無法採取有效的行動。

阿爾塔米拉和拉斯科這兩個非比尋常的地下洞穴讓我們可以一瞥舊石器

19 Joannes Sloek, *Devotional Language* (trans. Henrik Mossin, Berlin and New York, 1996), 50–52, 68–76, 135.

時代的靈性活動。[20]鹿、野牛和毛茸茸的小馬、偽裝成動物的薩滿、拿著長毛的獵人，在難以抵達的地底深處洞穴裡，人們以高明的技巧精心繪製了許多的壁畫。這些洞穴可能是最早的廟宇與教堂。人們針對這些洞穴的意義進行了很長的學術討論；這些壁畫也許描繪著當地的傳說，但我們永遠不會知道了。然而，這些裝飾洞穴牆壁與頂部的壁畫確實為人類與這些像神一般的原型動物的相遇做好了準備。朝聖者必須匍匐爬過潮濕而危險的地底隧道才能抵達這些洞穴，在終於能和這些壁畫中的野獸面對面前，他們得先鑽進黑暗的最深處。我們在這裡發現了一些和我們在薩滿靈性之旅中看見的同樣複雜的形象與觀念。正如在薩滿儀式裡一樣，洞穴中也許也有音樂、舞蹈與吟唱；有必須先下到地底深處才能前往另一個世界的旅程；還有與動物在某個神奇維度的交流，與凡俗的、墮落的世界截然不同。

---

20 Walter Burkert, *Structure and History in Greek Mythology and Ritual* (Berkeley, Los Angeles and London, 1980), 90–94; Joseph Campbell, *Historical Atlas of World Mythology; Volume 2: The Way of the Animal Powers; Part 1: Mythologies of the Primitive Hunters and Gatherers* (New York, 1988), 58–80; *The Power of Myth*, 79–81.

這種體驗對新來者尤其具有力量，因為他們之前從未冒險進入過洞穴中，而這些洞穴似乎可能被用來舉行成年禮，將社群裡的年輕人轉變為獵人。成年儀式是古代世界宗教的核心，並且在今天的傳統社會中仍保有極重要的地位。[21]在部落社會中，人們仍讓青春期男孩與母親分離，離群索居，並迫使他們經歷某種嚴酷考驗，目的是讓他們從男孩轉變成男人。就像薩滿的旅程一樣，這也是一趟死亡與重生之旅：男孩必須讓童年死去，轉頭進入負起成年人責任的世界。接受成年禮的男孩被埋入地下或墳墓裡；他們被告知他們將被怪物吞吃，或是被一個幽靈殺死。他們的身體承受強烈疼痛，被置於不見五指的黑暗中；他們通常得接受割禮或是紋身。這個經驗是如此強烈、留下的創傷如此巨大，足以永久改變一個接受成年禮的男孩。心理學家告訴我們，這種孤立與物質剝奪不但會導致人格的退化解組，而且，如果得到適當控制的話，它還可以促成一個人內在深層力量的建設性重組。在他的

21 Eliade, *Myths, Dreams and Mysteries*, 194–226; Campbell, *The Power of Myth*, 81–85.

苦難結束時，這個男孩已經明白了死亡是全新的開始。他帶著男人的身體和靈魂回到族人中間。透過面對死亡的臨近並認識到這只是個邁向新存在形式的通過儀式，他已經準備好要成為一名獵人或戰士，為他的族人冒自己的生命危險。

通常是在成年禮的創傷期間，一個新人才第一次聽到自己部落最神聖的神話。這一點至關重要。神話不是一個可以在世俗或無關緊要的環境中述說的故事。因為它傳授神聖的知識，它總是在一個儀式化的場景中被重述，這個環境會將它與尋常的世俗體驗區隔開來，只有在這種精神及心理蛻變的莊嚴背景下，神話才能得到理解。[22]神話是我們在絕境中需要的話語。我們必須預備好讓神話永遠地改變我們。神話和儀式相加的力量打破了聆聽者和故事之間的藩籬，這幫助他將神話變成他自己的故事，一個神話敘事的目的就是將我們從熟悉世界的安全確定感中推出去，進入到未知當中。讀一個神話

22 Eliade, *Myths, Dreams and Mysteries*, 225.

而沒有進行與神話相伴的儀式，就像讀一齣歌劇的歌詞卻沒有聽到音樂一樣，是個不完整的體驗。除非神話是作為重生、作為死亡與再生過程的一部分與人相遇，否則神話就毫無意義。

幾乎可以肯定的是，正是從拉科斯這類聖殿中的儀式體驗以及從薩滿與狩獵的體驗中，英雄的神話誕生了。獵人、薩滿和新人都必須轉身背對他們熟悉的世界，承受可怕的試煉。在帶著禮物回來滋養他們的社群之前，他們都必須面對暴力死亡的威脅。所有文化都發展出關於英雄式追尋的相似神話。神話中的英雄感到自己的生命或是自己的社會裡缺少了某個東西。那些歷代以來滋養著他社群的陳舊觀念不再有效了。於是他離開家，展開了視死如歸的冒險之旅。他與怪物搏鬥、攀登人跡未至的高山、穿越黑暗的森林，在這過程中他雖讓他的舊我死去，但卻獲得了新的洞見或技巧，而他將把這些禮物帶回給他的族人。普羅米修斯為了人類從諸神那裡取了火種，為此忍受一個世紀又一個世紀的痛苦懲罰；埃涅阿斯被迫將舊有的生活拋下，看著大火吞噬自己的家園，在找到新羅馬城之前，他不得不進入冥府。英雄神話在人類心靈中根深蒂固，以至於即便是歷史人物，如佛陀、耶穌或穆罕默德的生活，也是以符合這種原型模式的方式來講述，而這種原型模式最早可能是在舊石器時代時就已形成了。

同樣地，當人們述說自己部落的英雄故事時，他們不只是想娛樂他們的聽眾而已。神話告訴我們，如果我們希望成為一個完整的人我們該做什麼。我們每一個人都應該在生命中的某個時刻成為英雄。每個嬰兒都被迫經由狹窄的產道出生，那和拉斯科洞穴迷宮般的洞穴沒什麼不同，他必須離開安全的子宮，面對進入一個可怕、陌生世界的創傷。每個生兒育女、為她的孩子冒生命危險的母親也都是英雄。[23]除非你準備放棄一切，否則你無法成為英雄；沒有先走入黑暗，就無法升至高天，沒有先經歷某種形式的死亡，就沒有新生。在我們的一生中，我們都會發現自己處於某些情境，獨自面對未知，而英雄神話告訴我們應該要怎麼做。我們都必須面對最後的通過儀式，那就

23 Campbell, *The Power of Myth*, 124–25.

是死亡。

一些舊石器時代的英雄故事在後來的神話文學中保留了下來。希臘英雄赫拉克勒斯（Herakles）就是個例子，我們幾乎可以肯定這個故事是從狩獵時期流傳下來的。[24]赫拉克勒斯甚至穿著獸皮、拿著木棒，就像個穴居人。赫拉克勒斯是個薩滿，他以對動物的技巧而聞名；他曾造訪陰間，尋求永生之果，又高升至奧林帕斯山諸神的居所。同樣地，希臘女神阿提密斯（Artemis）被稱為「動物的女主人」、[25]獵人以及野性自然的守護神，阿提密斯可能也是舊石器時代的神話人物。[26]

狩獵雖然是男性的專屬活動，但是舊石器時代最強大的獵人之一是位女性。最早的小型雕像刻畫懷孕的女人，這些遍布非洲、歐洲和中東各地的小型雕像即是此一時期的產物。阿提密斯就是大母神（Great Goddess）的一個

24 Burkert, *Homo Necans*, 94–5.
25 Homer, *The Iliad* 21:470.
26 Burkert, *Greek Religion*, 149–152.

化身，她是可畏的女神，不僅是動物的女主人，更是牠們生命的泉源。然而她不是滋養生命的大地之母，她冷酷無情、報復心強、極難滿足。如果破壞狩獵儀式，阿提密斯的報復造成的犧牲和流血可是惡名昭彰。這個令人敬畏的女神也是舊石器時代的遺跡。以歷史可追溯至西元六、七千年前的土耳其加泰土丘（Catal Huyuk）為例，考古學家已在這裡挖掘出女神分娩時的大型石頭文物。有時她的兩側會有動物，公牛角或野豬的頭骨，這些都是一次成功狩獵的遺跡，同時也是男性的象徵。

在一個男性占壓倒性優勢的社會裡，為什麼一個女神會變得如此強勢？這也許是由於對女性的某種無意識怨恨使然。加泰土丘的女神永遠都能生育，但她的伴侶——一隻公牛，卻必須死亡。獵人冒著自己的生命危險來供養他們的婦女和孩子。狩獵所引發的內疚與焦慮，結合了儀式性禁慾帶來的沮喪，這些情緒都可能被投射到一個要求無止盡流血的強有力女性形象。[27]

---

27 Burkert, *Homo Necans*, 78–82.

獵人們可能明白女性是新生命的泉源；是女人——而不是可犧牲的男性——保證了部落的延續。女性於是成了生命本身令人敬畏的一個象徵，而這生命要求無止盡地犧牲男性和動物。

我們對於舊石器時代的這些片段認識表明，神話不是一種自我放縱的萬靈丹。它迫使男人和女人面對生與死的無情現實。人類能夠清楚看見自己命運的悲劇。他們渴望登上天堂，但也明白，只有他們面對自己必死的命運，拋下安全舒適的世界，進入深淵並讓自己的舊我死去時，他們才能達成願望。神話及其伴隨的儀式幫助舊石器時代人類從生命的一個階段邁向另一個階段，透過這樣的方式，當死亡終於降臨時，人們就能將它視為邁入另一個階段——一種完全未知的存在模式——最後也是最終的開始。這個最初的洞察力從未消失，而是持續帶領著人類展開人類歷史上的下一場偉大革命。

三、新石器時代：農人神話

——約西元前八〇〇〇年至西元前四〇〇〇年

大約一萬年前人類發明了農業。狩獵不再是他們的主要食物來源，因為他們發現土地顯然是取之不盡、用之不竭的營養來源。對人類而言，幾乎沒有什麼發展比新石器時代的農業革命更重要。我們可以從這些農業拓荒者為了適應新環境而創造出的神話中感受到他們的敬畏、喜悅與恐懼，這些神話的片段在後來文化的神話敘事中保存了下來。農業是理性思維的產物，但是不像我們時代的科技革命，新石器時代的人們並不認為農業是純粹的世俗事業。農業造成了人類巨大的靈性覺醒，讓他們對自己和自己的世界有了全新的理解。

人們對新的農業科學懷抱著一種宗教情懷的敬畏。[28] 舊石器時代的人將狩獵視為神聖的活動，現在農業也變成了一種聖禮。當農人耕田或是收割時，他們必須處於儀式性的純淨狀態。當這些種植者看著種子落入土壤深處，意識到它們在黑暗中裂開並帶來了一種不可思議的不同生命形式時，他

28 Eliade, *Patterns of Comparative Religion*, 331–343.

們認出其中必有一股隱藏的力量在運作著。作物是種神顯（epiphany），神聖能量的啟示，當農人們耕種土地並為自己的社群帶來食物時，他們感覺自己進入一個神聖領域，並參與了這種奇蹟般的豐饒。[29]土地就像個活的子宮，似乎能夠養活一切生物——植物、動物和人類。

人們創造出儀式來補充這股力量，以免它耗盡了自己。因此第一批種子被當成祭品「扔掉」、第一批收成的果實不採摘，人們以這種方式來循環利用這些神聖的力量。甚至有證據顯示在中美洲、非洲部分地區、太平洋島嶼和達羅毗荼印度，人類被當作了祭品。在這些儀式的核心原則有兩個。首先是你不能指望不勞而獲；想要有收穫，你就必須有所回報。其次是一種對現實的整體觀。人們不認為神聖是種超越自然世界的形而上真實。人們只有在土地和土地的產物中才能遇見神聖，這些東西本身就是神聖的。神、人類、動物和植物都有同樣本質，因此可以相互激勵、相互補充。

---

29 Eliade, *Myths, Dreams and Mysteries*, 138–40; *Patterns in Comparative Religion*, 256–261.

舉例來說，人們認為人類的性和使土地結實纍纍的那種神性力量本質上是一樣的。在新石器時代早期的神話中，收成被視為是神聖媾和，也就是神聖婚姻的產物：土地是女性，種子是神聖精液，雨水則是天地的性交。男人和女人在耕作時進行儀式性性交是很常見的。他們的性交本身就是神聖的行為，它會激發土壤中的創造性能量，正如農人的鋤頭或犁是神聖的陰莖，打開了大地的子宮，讓它因裝滿種子而膨大起來一樣。《聖經》顯示，這些儀式性狂歡從古以色列即有之，並一直延續到西元前六世紀，引起了何西阿和以西結這類先知的憤怒。甚至在耶路撒冷神殿裡，也進行著紀念迦南生育女神亞舍拉（Asherah）的儀式，甚至還有一屋子的神妓。[30]

然而，在新石器革命的較早期階段，大地並不是一直被當成女性看待。[31]在中國和日本，存在的根基是中性的，直到後來，也許是因為女性在家庭生活中的母親角色使然，大地才開始擁有女性、滋養哺育的特質。在世

30 Hosea 4:11-19; Ezekiel 8:2-18; 2 Kings 23:4-7.

31 Eliade, *Myths, Dreams and Mysteries* 161–171; *Patterns in Comparative Religion*, 242–253.

界的其他地方，人們沒有將大地人格化，他們尊崇它是因為它本質上即是神聖的。所有一切都是大地從她的子宮中生產出來的，就像婦人生兒育女一樣。一些歐洲和北美的最早期創世神話想像最早的人類是像植物一樣從地上長出來：就像種子一樣，他們的生命始於地底世界，直到新的人類爬到地面或是像花朵一樣冒出頭來，然後被他們的人類母親給採收。[32] 舊石器時代的人類曾想像自己為了與神相遇而攀升至高處，現在的人類則與土地中的神聖進行儀式性接觸。已發現的新石器時代迷宮與舊石器時代的拉斯科洞穴隧道相似，但是這些禮拜者並沒有到地底洞穴與那些神聖動物相會，而是感覺自己進入了大地之母的子宮並神祕地返回到萬有之源。[33]

這些創世神話教導人類他們就像石頭、河流與樹一樣屬於大地。因此他們必須尊重大地的自然節奏。其他神話則表達出對於一個地方的深刻認同，那是種甚至比和家庭或父系更深的連繫。這樣的神話在古希臘尤其受到歡

32 Eliade, *Myths, Dreams and Mysteries*, 162–65.

33 Ibid., 168–171.

迎。神話中雅典的第五任國王厄里克托尼俄斯出生於衛城的神聖土壤，人們從很早開始就在一個特別的神殿中紀念這個神聖事件。

這個新石器時代革命讓人類意識到瀰漫整個宇宙的一種創造性能量。它一開始只是一種沒有區別的神聖力量，讓大地成為神性的一種彰顯。但是神話的想像總是會變得越來越具體、詳盡；最初那個無固定結構的想像得到了定義，並且變成特殊的。就像對天空的崇敬最後導致天空之神的人格化，而母性、滋養眾生的大地成了地母神（Mother Goddess）一樣。在敘利亞，她被認為是亞舍拉，至高神厄爾（El）的配偶，或是亞納（Anat），厄爾的女兒；在美索不達米亞的蘇美文化中，她被稱為伊南娜（Inanna）；在埃及，她是伊西絲（Isis）；在希臘她則成了希拉（Hera）、狄蜜特（Demeter）和阿芙蘿黛蒂（Aphrodite）。人們將地母神與狩獵社會的大母神融合在一起，但保留了後者的許多可怕特質。例如亞納是個無情的戰士，經常被描繪為涉足穿越血海的形象；狄蜜特的形象是易怒、報復心強，甚至愛神阿芙蘿黛蒂也會進行恐怖的報復。

同樣地，神話不是逃避現實的工具。新石器時期的新的神話繼續迫使人們面對死亡的現實。它們不是田園牧歌，地母神也不是溫柔、善解人意的女神，因為人們經驗到的農業不是一種平靜、沉思的職業，而是一場持續的戰鬥、絕望的鬥爭，對抗著貧瘠、乾旱、饑荒以及自然的暴虐無道，這些也是神聖力量的展現。[34]有關種植的性意象不意味著人們把農業當成一場與自然的浪漫戀愛。人類的生殖本身對母親和孩子而言是非常危險的。同樣地，只有經歷極其艱苦的勞動人類才能完成耕地的工作。人類在〈創世紀〉中所經驗到的失樂園狀態就是墮入農業生活。最初的人類在伊甸園中毫不費力地照料著上帝的花園。但是墮落之後，女人在生產苦楚中生下她的孩子，而男人則必須汗流滿面才能靠著土地糊口飯吃。[35]

在這個早期的神話中，耕種這件事充斥著暴力，人只有和死亡及毀滅的神聖力量持續進行殊死戰才能生產出食物。種子必須下到地裡並且死去才能

---

34 Ibid., 188–89.

35 Genesis 3:16–19.

結出果實，它死亡過程是痛苦的，並且留下創傷。農具的外表看起來像武器，玉米必須碾磨成粉，葡萄在變成酒之前必須壓榨成面目全非的果漿。我們可以在關於地母神的神話中看到這一切，而地母神的配偶在和莊稼一起重生之前，幾乎都會被撕裂、肢解、野蠻地殘害並殺死。所有這些神話都訴說著一場與死亡的殊死鬥。在可追溯自舊石器時期的古老英雄神話中，通常會有一個英雄為了幫助他的族人而展開一段危險的旅程。但是在新石器革命之後，男性通常是無助而被動的。女神才是在世界上遊蕩、展開追尋、與死亡鬥爭並將食物帶給人類的那一位。在最終述說平衡與重回和諧的那些神話中，大地之母成了女性英雄人物的一個象徵。

在亞納的神話中這一點非常清楚，亞納是暴風雨神巴力的姊妹與妻子，這個神話不僅象徵著農業的鬥爭，也象徵著達到完整與和諧的艱難。為乾旱的土地帶來雨水的巴力自己就參與著一場持續的創造性戰鬥，對象是怪物以及種種混亂和解體的力量。然而，有一天巴力受到死亡、貧瘠不育和乾旱之神莫特（Mot）的攻擊，莫特一直威脅著要把大地變成一片荒野。當莫特發動攻擊時，巴力一度被恐懼淹沒，完全沒有抵抗就投降了。莫特啃食他，就像嚼一塊美味的小羊肉，然後強迫他下到陰間，即死人之地。因為巴力再也無法為大地帶來雨水，於是蔬菜枯死了，地上哀鴻遍野。巴力的父親厄爾——一位典型的至高神——卻無計可施。當他聽到巴力的死訊時，祂從祂高聳的寶座上走下並按著傳統的哀悼儀式披上麻布、割裂雙頰，卻救不活他的兒子。唯一有能力救他的神是強大的亞納。她滿懷著悲傷與憤怒在地上四處遊蕩，她悲痛欲絕，尋找著她的**另一個自我**（alter ego），她的另一半。將這個神話保存下來的敘利亞語文獻告訴我們，她思念巴力「就像母牛思念她的牛犢，或是母羊思念她的羊羔」。[36]當她的孩子處於險境時，地母神就像動物一樣狂暴、失控。亞納找到巴力的遺體後為他舉行了盛大的葬禮，她將厄爾痛罵一頓後就繼續去尋找莫特了。亞納找到他後用一把儀式用的鐮刀把他劈成兩半，然後用篩子篩他、再用火烤焦並用磨粉器磨碎，最後將他的

36 Anat–Baal Texts 49:11:5; quoted in E.O. James, *The Ancient Gods* (London, 1960), 88.

骨灰灑在田野上，總之就像一個農人對待他的穀物那樣。

我們的資料不全，所以我們不知道亞納如何讓巴力死而復生。但巴力和莫特都是神，所以他們是無法完全消滅的。這場兩個神祇之間的戰爭將持續下去，而只有在死亡的陰影下才能得到每年的收成。在這個神話的某個版本中亞納讓巴力完全復活，以至於當莫特下一次攻擊他時，他的回擊甚至更強而有力。雨又降在大地上，山谷流淌著蜂蜜，天上降下珍貴的油。故事以巴力和亞納的性交作為結束，這是在歡慶新年時一再出現的圓滿意象。

我們在埃及也找到了很類似的模式，雖然伊西絲的力量不如亞納強大。埃及的第一任國王歐西里斯（Osiris）將農業科學教給他的人民。他的兄弟塞特（Seth）覬覦王位，將他暗殺了，他的姐妹也是妻子伊西絲走遍了整個世界尋找他的遺體。當她找到他的屍體時，她讓他復活了一段的時間，但只夠讓她懷上荷魯斯（Horus），一個延續他血脈的兒子，然後就再次斷氣了。歐里西斯的身體被切成碎塊，每一個碎塊都像種子一樣埋起來，埋屍的地點遍布埃及各地。他成了杜阿特（Duat），也就是亡者世界的統治者，也負責每年的莊稼收成，人們會在進行收割和打穀時同時進行他的死亡與肢解儀式。死神也經常是豐收之神，這顯示生命與死亡是形影不離的，你無法在其中做出選擇。死而復活的神是一個普遍過程的縮影，正如季節的遞嬗一般。也許會有新生命，但神話及這些邁向死亡的植物之神的核心特質始終是災難與流血，而生命的力量從來無法得到全面的勝利。

在述說美索不達米亞女神伊南娜進入陰間的神話中，這一點尤其明顯。它可以被視為冥府的成年禮儀式，一種通往新生命的死亡體驗。伊南娜進入地底深處的這趟危險旅程完全不是出於良善的動機。根據我們從資料中解讀出的不完整內容，我們知道伊南娜的動機是要篡奪她的姐妹埃瑞絲基伽爾（Ereshkigal），冥府女王同時也是生命之主的王位。在她進入埃瑞絲伽爾的青金石宮殿時，伊南娜必須通過圍繞她姐妹城市的七道牆上的七扇門。每當她要通過時，守門人就向伊南娜提出挑戰，強迫她脫掉一件衣物，所以當她終於來到她姐妹的面前時，伊南娜身上的所有武裝都已經被奪走了。她的叛變計畫失敗了，陰間七法官判了伊南娜死刑，她的屍體被掛在一根長釘上。

然而，其他的神救了伊南娜，她在一群魔鬼的陪伴下回到地上，這是一次可怕的凱旋。當她回到家時，她發現她的丈夫，年輕英俊的牧羊人杜牧茲（Dumuzi）竟膽敢坐在她的王位上。盛怒下的伊南娜將他判處了死刑，但杜牧茲卻逃走了，魔鬼追上他並強迫他下到陰間去代替伊南娜。他們達成了一個協議，在一年裡，杜牧茲和他的姐妹葛絲提南娜（Geshtinanna）各有半年的時間待在陰間陪伴埃瑞絲伽爾。但伊南娜的冒險永遠改變了這個世界，因為現在是植物之神的杜牧茲造成了四季的變化。當他回到伊南娜身邊時，大地便恢復生機，羔羊誕生了、穀物發出新芽，收穫的季節很快接著到來。當他下到陰間時，夏季的長期乾旱就籠罩大地。死亡不曾被完全戰勝。述說這個神話的一首蘇美詩以這樣的呼喊作結：「喔，埃瑞絲伽爾啊！你的讚美是偉大的！」[37]在我腦海中最令人心酸的是女性發出的哀嘆，尤其是杜牧茲的母親，當她哀悼兒子的死去時，她說：「在這荒涼之地，我心淒涼；這是

---

37 'Inanna's Journey to Hell' in *Poems of Heaven and Hell from Ancient Mesopotamia* (trans. and ed. N.K. Sandars, London, 1971), 165.

他曾經活著的地方，如今他卻躺在那裡，像頭年輕的公牛倒在地上。」[38]

這個地母神不是救贖者，而是死亡與悲傷的始作俑者。她的陰間之旅是一次啟悟之旅（initiation），是我們所有人都必須通過的轉化儀式。伊南娜進入死亡的世界去見她的姐妹，象徵她被埋葬且未曾意識到的自身存在的一個面向。埃瑞絲伽爾代表終極真實。在源自此一時期的許多神話中，與地母神的會面代表了英雄的終極冒險、至高啟示。生命與死亡之主埃瑞絲伽爾也是位地母神，她通常被描繪為不斷分娩的形象。為了接近她並獲得真正的洞見，伊南娜必須拋下保護她脆弱之身的一切武裝，解除她的自負，讓她的舊我死去，吸收那些看似反對、敵視她的力量，接受她所無法忍受的真相：沒有死亡、黑暗與剝奪，就沒有生命。[39]

與伊南娜有關的儀式都集中在她的悲劇故事上，從未慶祝她與杜牧茲在春天的團聚。因為它強而有力地表徵了人類對存在基本法則的體驗，所以這

38 Ibid., 163.

39 Campbell, *The Power of Myth*, 107–11.

種崇拜被廣為流傳。伊南娜也被巴比倫人稱為伊絲塔（Ishtar），在敘利亞她是阿絲塔德（Astarte，或亞舍拉）；在近東，杜牧茲以塔牧茲（Tammuz）之名為人所知，他的死受到這地區婦女的哀悼。[40] 在希臘，人們叫他阿多尼斯（Adonis），因為閃米世界的婦女哀悼失去了她們的「主（lord, adon）」阿多尼斯的故事隨著時間發生改變，但在其最初形式，它遵循著蘇美神話的基本結構，因為它表明這位女神親手將她的年輕伴侶交付給死亡。[41] 就像獵人的大母神，新石器時代的地母神也表明儘管男人可能看似更為有力，但真正更強大並且掌控全局的是女性。

　　這點在狄蜜特和她女兒波瑟芬妮（Persephone）的希臘神話中也表現得十分明顯，這個神話幾乎確定可追溯到新石器時期。[42] 狄蜜特是保護莊稼與大地豐收的穀物之母（Grain Mother）。當冥王黑帝斯誘拐了波瑟芬妮時，

---

40 Ezekiel 8:14; Jeremiah 32:29, 44:15; Isaiah 17:10.
41 Burkert, *Structure and History*, 109–110.
42 Burkert, *Structure and History*, 123–28; *Homo Necans*, 255–297; *Greek Religion*, 159–161.

狄蜜特離開了奧林帕斯山，悲痛欲絕地在世界各地流浪尋找她的女兒。盛怒下的她讓大地無法產生收成，威脅要讓人類陷入饑荒，除非她的女兒可兒（Kore，意即「女孩」）回到她的身邊。宙斯在驚慌中派出了神的信使荷米斯（Hermes）去拯救可兒，不幸的是，她在待在冥界的這段時間裡已經吃下了一些石榴籽，因此每年不得不有四個月的時間要和現在成了她丈夫的黑帝斯待在一起。每當她和母親狄蜜特團聚時，狄蜜特便解除封印，大地也再次結實纍纍。

這不是個簡單的自然預言。狄蜜特的儀式和播種或收成的時間並不一致。波瑟芬妮也許會像顆種子潛入地底，但是在地中海地區，一顆種子發芽只需要幾週的時間，而不是四個月。就像伊南娜的神話，這也是另一個女神消失後復歸的故事。這是個關於死亡的神話。在古希臘，穀物女神狄蜜特也是亡者之主，主持著雅典附近埃留西斯（Eleusis）那地方的神祕祭儀。這些是神祕的儀式，但似乎要求**密斯泰**（Mystai，即「參加啟悟儀式者（initiate）」接受死亡的必然性作為生命的一個必要組成，並且發現死亡因此而不再是件恐怖的事。這些強大的儀式將這個神話的意義銘刻在那些經歷這個漫長啟悟祕儀的人們的腦海與心中，永難磨滅。人類不可能終極地戰勝死亡。可見不得不永遠輪流居住於上層與下層世界。沒有這位少女的象徵性死亡，就不會有穀物、食物和生命。

我們對埃留西斯祕教信仰所知甚少，但是如果那些曾參與這些儀式的人被問到他們是否相信波瑟芬尼真的**進入過**地底，就像這個神話所描述的那樣，他們也許會感到困惑吧。這個神話曾經是真的，因為無論你往何處看，你都會看到生命與死亡密不可分，大地死去又重生。死亡曾經是恐怖、可怕、不可避免的，但不是結束。如果你砍下一株植物，扔掉死去的枝子，它就會長出新芽。農業帶來了一種新的樂觀主義（如果資格符合的話）。[43]種子必須死去才能結出穀粒；修剪實際上對植物很有幫助，並會促進新的生長。埃留西斯的啟悟儀式表明，與死亡的對抗會帶來靈性的復甦，這是一種人類的

43 Eliade, *Myths, Dreams and Mysteries*, 227–8; *Patterns in Comparative Religion*, 331.

修剪形式。它不會帶來永生——只有神才能不死——但它會讓你在這塵世中活得更無所畏懼，並因此而活得更充實，能夠平靜地直視死亡。的確，我們每天都必須向著那個我們已經實現的自我死去。在新石器時期也是如此，通過神話及儀式幫助人們接受他們的必死性，進入到下一階段，並且有勇氣做出改變與成長。

四、早期文明

——約西元前四〇〇〇年至西元前八〇〇年

約在西元四〇〇〇年前，人類又向前邁進了一大步，他們開始建立城市，先是約西元前四〇〇〇年在美索不達米亞和埃及，後來又在中國、印度和克里特島。其中有些早期文明幾乎消失得無影無蹤，但是在「肥沃月灣」、如今的伊拉克，我們在慶祝城市生活的神話中看到了對於城市化挑戰的早期回應。人類生活變得越來越自覺。人們現在可以在文明藝術中永久表達他們的渴望，書寫的發明意味著他們可以用文學將他們的神話長久保留下來。他們現在進入了歷史年代：在城市裡，變化的腳步加快了，人們更加意識到因與果之間的關聯。新技術讓城市居民能夠更完全地控制他們的環境，他們和自然世界的區別也越來越明顯。這是個興奮、解放與驕傲的時刻。

可是這個規模上的重大改變也激起了更多的恐懼。人們說歷史就是一個消滅的過程，因為每個新發展都必然會摧毀舊的事物。[44]這點在美索不達米亞城市中再清楚不過，那裡的泥磚建築需要持續維護及定期重建。新建築在

44 Karl Jaspers, *The Origin and Goal of History* (trans. Michael Bullock, London, 1953), 47.

夷平的舊建築上豎立起來，朽壞與更新的過程也因此被納入城鎮規劃的新藝術中。[45]人們體驗到文明是宏偉而脆弱的；一個城市以驚人的速度迅速發展及繁榮起來，然後就邁入衰亡，速度快到令人措手不及。當一個城邦取得卓越成就時，它就會開始掠奪它的對手。戰爭、屠殺、革命和驅逐不斷上演。破壞意味著人們如此費盡心血才建立起來的文化需要一次又一次地建立與重建。人們始終擔憂生活將倒退回過去的野蠻時代。懷抱著憂慮與希望的複雜情緒，新的城市神話沉思著秩序與混亂之間的永恆鬥爭。

一些神話將文明視為一場災難，這一點也不令人意外。聖經的作者們將文明視為繼被逐出伊甸園之後，人與神分離的一個標誌。城市生活似乎本質上就充滿暴力，包含殺戮與剝削。第一個建立城市的人是該隱（Cain），第一個殺人者，[46]他的後代發明了各種文明藝術。猶八（Jubal）是「一切彈琴吹簫之人的祖師」，而土巴該隱（Tubalcain）則是「打造各樣銅器鐵器

45 Gwendolyn Leick, *Mesopotamia, The Invention of the City* (London, 2001), 268.
46 Genesis 4:17.

的」。[47]偉大的通天塔（ziggurat）或巴比倫塔廟（temple-tower）在古以色列人心中留下了深刻而不良的印象。那個建築似乎是異教徒傲慢自負的縮影，建築它的動機完全是出於自我膨脹的欲望。他們稱它為巴別塔（英文寫作 Bavel 或 Babble），因為神為了懲罰建塔的人，就「變亂天下人的言語，使眾人分散在全地上」。[48]

但美索不達米亞人自己則認為這座城市是可以遇見神的地方。它是——幾乎是——那個失去的天堂的再造。通天塔取代了世界中心的那座山，它曾經讓最初的人類能夠攀抵神的世界。那些神現在住在城市裡，在神廟中與人類的男男女女肩並肩，這些神廟是他們神界宮殿的複製品。在這個古代世界，每座城市都是一座聖城。正如他們的先祖們曾將狩獵和農耕視為神聖的聖事，這些早期的城市居民也認為他們的文化成就本質上即是神聖的。在美索不達米亞，諸神教人如何建造通天塔，而智慧之神恩基（Enki）則是製革

47 Genesis 4:21–22.
48 Genesis 11:9.

工匠、金屬匠、理髮師、建築工人、陶匠、灌溉技工、醫師、音樂家和抄寫員的守護神。[49]他們知道他們已經展開了一個神奇的事業，它將永遠改變人類的生活；他們的城市是超越性的，因為它們超越了過往所知的一切。他們擁有諸神的神聖創造力，而不知以何種方式，諸神總是從一片混亂中創造出秩序。

但以色列人想像美索不達米亞人民會對傲慢自負感到內疚，他們錯了。他們知道，與仍然是他們日常生活背景的諸神的世界相比，即使在他們宏偉的城市裡，人類的生命也是有缺陷而短瞬即逝的。他們的城市只是迪爾穆（Dilmun）這座失落天堂的蒼白陰影，現在居住在那裡的只有神以及少數出類拔萃的人類。他們其實強烈意識到，就像人類生命一樣，文明也是脆弱而短暫的。埃及是個一個緊密而強大的國家，群山環繞、與世隔絕，不受敵對勢力的侵擾，又有尼羅河的定期氾濫帶來的肥沃土壤，那裡的人對於人類的

49 Leick, *Mesopotamia*, 22–23.

成就有著更強大的自信。但是在美索不達米亞，底格里斯河與幼發拉底河的洪氾難以預測，常帶來毀滅，暴雨會把土地變成沼澤，焦風則讓沃土化為塵土，那裡還持續面對著外敵入侵的威脅，人們的生活更加朝不保夕。似乎必須要付出英雄般的努力才能保住文明，抵擋自然任性無常的毀滅性力量。這些恐懼在他們的洪水神話中表現得尤其明顯。美索不達米亞的河流容易突然改道，因為沒有天然的屏障，因此經常發生洪水氾濫，並帶來災難性後果。不像埃及，洪水在這裏不是上天的祝福，而是成了政治與社會解體的一種隱喻。

每當人類進入一個新的歷史時代，他們對人性與神性的觀念就會隨之改變。在這些早期文明中，人類男女變得更像我們現代人，也比過去更加意識到他們就是自己命運的主宰。結果是他們不再像他們的祖先那樣看待這些神明了。因為現在人類的行動躍上了舞台中央，諸神似乎更加遙遠；他們不再是不證自明的現實，而變得益發遙不可及。新的都市神話認為大洪水（the Flood）是神人關係出現危機的標誌。在美索不達米亞文明最長的大洪水史詩《阿特拉哈西斯》（*Atrahasis*）中，諸神是城市規劃者，就和人一樣。位階較低的神明發起罷工，因為為了讓鄉村變得適合居住，他們不眠不休地挖掘灌溉渠道，已經累壞了，地母神於是創造了人類來從事這些卑微的工作。但是人類的數量變得太多，而且實在太過吵鬧，被喧囂聲吵得睡不著的暴風雨神恩利爾（Enlil）決定要發起一場洪水淹沒整個世界，用這種殘酷的方法來控制人口。

但恩基想拯救阿特拉哈西斯，[50]他被稱為蘇魯派克（Shuruppak）城中的「智慧超凡者」。由於這兩位神人之間的特殊友誼，恩基告訴阿特拉哈西斯要打造一艘船，並把讓這艘船能夠防水的技術教給他，因為神的介入，阿特拉哈西斯（就像挪亞一樣）拯救了他的家人，保存了一切生物的種。但是洪水退去後，諸神都被這場災難嚇壞了。在美索不達米亞神話中，這場大洪水標記著諸神從世界舞台上退場的開始。恩基把阿特拉哈西斯和他的妻子帶

50 在其他史詩中，阿特拉哈西斯被稱為朱蘇拉德（Ziusudra）和烏特納匹什提姆（發現生命的人）。

去了迪爾穆。他們將是唯一能享受永生以及與神的古老親密關係的人類。但是這個故事也頌揚神在技術上的啟發拯救了人類，使他們免於滅絕的厄運。漸漸地，就像我們自己的現代性一樣，在美索不達米亞，文明和文化成為了神話與渴望的焦點。

但是美索不達米亞人跟我們並不完全一樣。諸神也許退場了，但人們仍高度意識到他們日常活動中的超越性要素。每座城市都被視為某位神在塵世中的領地，每個公民——從統治者到最卑微的體力勞動者——都受僱於城市的守護神，也許是恩利爾、恩基或伊南娜。[51]人們對於長青哲學仍堅信不移，這種哲學認為塵世中的一切都是天上現實的複製品。長老大會統治著這些城邦，因此美索不達米亞人相信由占主導地位的神所組成的天庭（Divine Assembly）也統治著諸神。他們也認為，就像他們從日出而作日落而息的小型農業社群發展出都市文化一樣，諸神也經歷了同樣的演變過程。

---

51 Thokhild Jacobsen, 'The Cosmos as State' in H. and H.A. Frankfort (eds), *The Intellectual Adventure of Ancient Man, An Essay on Speculative Thought in the Ancient Near East* (Chicago, 1946), 186-197.

因此我們有了在巴比倫史詩中保存下來的創世神話，取名自整首詩開頭文字的《埃努瑪．埃利什》（*Enuma Elish*）。我們的文本只能追溯至西元前二〇〇〇至一五〇〇年，但它包含的材料年代還要早得多。[52] 這首詩從諸神的系譜開始，說明諸神最初是如何誕生的。沒有所謂無中生有的創造，而是經歷了演變的過程；諸神從神聖的原始物質中出現，那是種稀薄、不明確的物質，那裡的一切都缺乏明確一致的特性。鹽與苦水摻混在一起，不存在天、地、海的區別；連神自己都是「沒有名字、沒有本質、沒有未來」的。[53] 從黏液中誕生的最初諸神和自然元素是分不開的。阿普蘇（Apsu）是甘甜的河水，提阿瑪特（Tiamat）是鹹的海洋，而姆穆（Mummu）則是霧狀雲。他們的名字也可以翻為「深淵」、「虛空」和「無底洞」。

這些原始諸神仍然沒有形狀、沒有生氣。但其他神以雙雙對對的方式從他們中出生，每一對都比前一對更為明確。當這些神性元素彼此分離時，一

52 Ibid., 169.

53 *Enuma Elish,* I:8–11, in Sandars, *Poems of Heaven and Hell*, 73.

個有秩序的宇宙就誕生了。先是出現了淤泥（水和土混合在一起），由拉穆（Lahmu）和拉哈穆（Lahamu）代表。接著是安什爾（Ansher）和基沙爾（Kishar）（天空與海的地平線），最後是天空之神安努（Anu）跟伊亞（Ea），大地。但這個神譜神話不只是對神性演進的純粹形而上學推測；它也是對美索不達米亞的重要沉思，這是一個沖積扇地區，建立在由淤泥組成的沉積物之上。同樣地，這裡的神性也是人類世界的一個面向。這些神與這裡的地理景觀密不可分，在美索不達米亞最古老的城市之一埃里度（Eridu），有個讓人們得以在此定居生存的沼澤般的潟湖，潟湖環繞著它的信仰中心，人們稱之為阿普蘇。這個神話也表達了人與自然逐漸分離的過程，這是這些新的城市居民親身經歷到的。

這些新的神明更有活力，而且有能力戰勝他們的父母：阿普蘇沉入地底，伊亞和安努在他俯臥的屍體上建立了自己的宮殿，其中甚至包括教堂與會議廳。城市的建立始終標誌著美索不達米亞宇宙論的高峰時刻。但提阿瑪特仍是個虎視眈眈的危險存在，她創造了一支強大的怪物軍團來為阿普蘇復仇。唯一可以在一番激戰後打敗她的神是瑪爾杜克（Marduk），他是伊亞傑出的兒子。經過一場絕望的鬥爭後，瑪爾杜克站在提阿瑪特巨大的屍體上，將它像個巨大貝類一樣一分為二，創造出天堂以及後來人類居住的大地。他頒布法律並成立一個天庭來鞏固這個新的宇宙秩序。最後，幾乎是事後才想起，瑪爾杜克拿了被打敗的一個神的血和一把灰塵，將它們混在一起，創造了第一個人；這顯示諸神並沒有被封印在自己的超自然領域裡，而且人類和自然世界都是由相同的神聖物質所構成。

神話考察了人類的轉變過程，而這過程與諸神的發展相一致。它反映了這個美索不達米亞城邦的演變，這是告別古老的農業社會（如今被視為不發達而遲緩）並透過武力建立了自己的過程。凱旋後，瑪爾杜克建立巴比倫。城市的中心矗立著埃薩吉拉（Esagila）神廟的通天塔，瑪爾杜克在神界的聖殿的複製品。作為「無限天堂的象徵」，這座高塔聳立於所有其他建築物之上，它成了諸神在塵世的居所。這座城被稱為「巴布—伊拉尼（bab-ilani，諸神之門）」，也就是神進入人類世界的入口。在埃薩吉拉，諸神坐下舉行神聖的禮拜儀式，「由此，宇宙獲得其結構，隱藏的世界被顯明，諸神分配他們在宇宙中的住所」。[54]這座城於是取代了黃金時代舊的**世界之軸**（axis mundi），它曾是天堂與大地的連結。

聖經也保存了創世神話，這些神話顯示耶和華殺死一隻海怪創造了世界，就像提阿瑪特一樣。[55]這類型的宇宙演化論（cosmogony）在中東民族中相當受到歡迎。它表達了他們的信念，也就是文明是一場持續的鬥爭、文明是在極不利的情況下為了阻止退回無形式的野蠻主義所付出的巨大努力。人們在新年慶典的第四天吟唱《埃努瑪·埃利什》（*Enuma Elish*）史詩。就像任何神話敘事一樣，這首史詩描繪了在「時刻常在」的神聖時間裡發生的一個神祕而無可言喻的事件。這不像個尋常歷史事件，結束了就結束了。世界的創造是個持續過程；對抗混亂的神聖戰鬥仍在進行中，人類需要神聖能量的匯聚才能阻止混亂與災難的降臨。

---

54 *Enuma Elish*, VI:19, in Sanders, *Poems of Heaven and Hell*, 99.

55 Isaiah 27:1; Job 3:12, 26:13; Psalms 74:14.

在古代世界，一個符號和它看不見的所指物是無法二分的。因為相似性構成了某種同一性，讓那個不可見的現實顯現出來。新年慶典的象徵性儀式是一齣戲，就像任何一齣精彩好戲一樣，能夠拆毀時間與地點的藩籬，將觀眾與參與者從他們日常的關注中瞬間抽離出來。它是個神聖虛構的遊戲。敬拜者覺得他們被拋擲進那個構成他們日常生活背景的永恆神聖國度。一隻代罪羔羊被殺，結束這面臨衰老死亡的一年；一場模擬戰鬥，再現瑪爾杜克對抗提阿瑪特的鬥爭；透過羞辱統治者並將荒淫無度的國王推上王位，一位農神重現了混亂的力量。這種儀式化的瓦解讓人想起薩滿在他的通過儀式中體驗到的心理崩潰，在古代靈性活動中，象徵性地回歸原始的混亂狀態對於任何新的創造是必不可少的。[56]

正如我們知道的，創世神話從不提供人們關於生命起源的事實性訊息。在古代世界中，通常是在禮拜儀式的場合，以及人們覺得他們需要神性能力

56 Eliade, *Myths, Dreams and Mysteries*, 80–81; *The Myth of the Eternal Return*, 17.

灌注的極端時期，也就是當他們展開一個新的冒險——新年、婚禮或加冕儀式——並探究未知時，人們才會背誦起宇宙起源論。它的目的不是傳授，主要是治療。當人們面對著將臨的災難，當他們想要結束衝突，或醫治病人時，他們就會聆聽宇宙演化神話的背誦。他們的意圖是要接入那股支持著人類存在的永恆能量。神話及其伴隨的儀式是個提醒，提醒人們事情總是否極才會泰來，而生存與創造力都需要專注不懈的努力。

其他的宇宙演化論指出，真實的創造力需要自我犧牲。在印度吠陀神話中，創造是自焚行動的結果。普魯夏，[57]一位宇宙巨人，將自己獻給諸神，諸神以他為祭品並肢解了他；宇宙以及組成人類社會的社會階級都是從他的身體所形成，因此是神聖而絕對的。在中國，流行著一個關於另一個巨人的神話，這個巨人叫作盤古，盤古經歷三萬六千年的分娩創造出一個可存續下去的宇宙，然後筋疲力竭而死。同樣的主題也出現在中東的戰爭神話。提阿

57 譯註：The Man，常被翻譯為人、原人，即人類始祖；在瑜伽修持的脈絡中，常被翻譯為意識、心靈。

瑪特、莫特（Mot）和利維坦（Liviathan）並不邪惡，他們只是在扮演他們在宇宙中的角色而已。因此，在從混亂中創造創造出一個有秩序的宇宙前，他們必須死去並被肢解。一個社會能夠存活並發展出文明，必須取決於其他社會的死亡與毀滅；除非他們準備好要捨去自己，否則無論是諸神還是人類都無法有真正的創造。[58]

迄今為止的神話幾乎完全集中在諸神，或是原始時代那些原型祖先的原始壯舉和奮鬥。但城市神話已經開始衝擊進入歷史時代後的世界。由於更加依賴人類的聰明才智，人們開始把自己看作是獨立的行動者。人類自己的活動占據了歷史舞台的顯著位置，而諸神則漸漸退居遠處。詩人開始重新詮釋那些古老的故事。我們可以在巴比倫史詩《吉爾伽美什史詩》（*The Epic of Gilgamesh*）中看到這個發展。吉爾伽美什可能是個真實的歷史人物，生活在西元二六〇〇年前：根據記載，他是美索不達米亞南方烏魯克（Uruk）城邦

58 *The Epic of Gilgamesh*, I:iv:6, 13, 19, *Myths from Mesopotamia, Creation, the Flood, Gilgamesh, and Others* (trans. Stephanie Dalley, Oxford, 1989), 55.

的第五位國王，後來成了一位民間英雄。最早的傳說講述了他和他的僕從恩基度（Enkidu）的冒險故事。這些傳說包括典型的英雄式和薩滿式壯舉，像是與怪物戰鬥、前往地底世界，以及和女神交談。這些故事後來都被賦予了更深的意涵，成為人類對永生的追求。這首詩的最終版本大約寫作於西元一三〇〇年前，這個版本的神話更探索了人類文化的限制與意義。

在這首詩的一開始，我們看見身為人的吉爾伽美什迷失了方向。他的心中有一股風暴，他開始向他的人民實施恐怖統治，於是人民向諸神請求，希望讓一切恢復平衡。但是，值得注意的是，諸神不再願意直接插手人類的事了，他們只會透過中間人來行事。為了給吉爾伽美什找個真正的大麻煩來對付，他們創造了恩基度，一個在鄉下地方作威作福的野蠻原始人。他身上披著一張毛茸茸的毛皮，披頭散髮，身上一絲不掛，吃草、喝池塘裡的水維生，恩基度是個「原始如初生的人（Man-as-he-was-in-the-beginning）」，[59]他跟

59 Ibid., I:iv:30–36, p.56.

動物在一起比跟人類在一起還自在。為了馴服恩基度，他派了神妓莎姆哈特（Shamhat）來教導他文明的生活方式。跟莎姆哈特在一起六個晚上後，恩基度發現他和那個自然、動物的世界的連結被打破了。他變成了文明人，但是這樣的結果有利也有弊。恩基度的力量被「削弱了」，但是他也變得「深刻」，而且變得「像個神了」。[60]他得到了智慧與優雅，這讓他能夠享受烏魯克那種精緻世故的生活方式；那種生活方式是如此遠離人類的自然狀態，以至於看起來就像是神聖的。

吉爾伽美什和恩基度成為朋友，展開了他們的冒險。在他們四處遊歷時，他們遇見了伊什塔（Ishtar）。在較古老的神話裡，和地母神結婚常象徵著至高的啟蒙以及英雄追尋的高峰，但是吉爾伽美什卻拒絕了伊什塔。這是對傳統神話的強力批判，傳統神話已經不再完全反映生活在都市人類男女的心聲了。吉爾伽美什不認為文明是神聖的事業。伊什塔是文化的破壞者，

60 Ibid., VI.iii:1–6, p.78.

她就像個弄濕它的攜帶者的皮水壺；像夾住它的穿著者的鞋子；像扇擋不了風的門。[61]她的親密關係從沒有一段能持續下去，因為她把每個情人都毀了。這些不負責任的神只會帶來破壞，如果不用跟他們扯上關係，人類的日子會好過得多。於是吉爾伽美什這個文明人宣布他不再受到神界的支配了。神跟人最好從此分道揚鑣。

伊什塔展開了她的抱負，恩基度病死了。吉爾伽美什哀傷欲絕。他意識到自己終有一死，因此深受折磨，他想起從大洪水生還的人——在這首詩裡那個人叫做烏特納比希提姆（Utnapishtim）——獲得了永生，於是動身去迪爾穆拜訪他。但是人類無法重返原始的靈性狀態，因此這種對於神聖世界的追尋代表了一種文化上的倒退；吉爾伽美什在大草原上流浪，他蓬頭垢面、披頭散髮，身上只披著一張獅子皮。他像個薩滿一樣，沿著太陽的軌跡穿越無人之地，他看見陰間的異象，並尋求「諸神的祕密知識」。[62]然而，當他

61 Ibid., VI:ii:11–12, p.78-9.
62 Ibid., XI:vi:4, p.118.

終於抵達狄爾穆時，烏特納比希提姆卻告訴他，諸神已不再為受喜愛的人類暫停自然法則的運行。舊的神話已不再能作為人類抱負的指引了。這次對迪爾穆的造訪推翻了舊的神話方法。[63]關於大洪水的故事《阿特拉哈西斯》是從神的視角來講述的故事，但是在這裡，烏特納比希提姆反思了自己的經驗，反思為了讓船下水遇到過的實際困難，反思了自己身為人類對大洪水帶來的這場災難的反應。舊的神話專注於神聖世界，對於塵世發生的事和人並不太關注，但是在這裡，歷史人物吉爾伽美什造訪了神話人物烏特納比希提姆。隨著諸神開始從人類世界中撤退，歷史也開始對神話產生衝擊。[64]

吉爾伽美什沒有從諸神那裡得到只有他才能知道的訊息，而是學到了關於人類局限性的痛苦教訓。他返回到文明世界：洗澡、扔掉那張獅子皮、打理髮型，然後穿上乾淨的衣服。從今後，他將專心建造烏魯克城牆，並培育

63 David Damrosch, *The Narrative Covenant. Transformations of Genre in the Growth of Biblical Literature* (San Francisco, 1987), 88–118.

64 *Epic of Gilgamesh,* XI:ii:6–7 in Dalley, 113.

文明藝術。他的人將死去，但這些偉大紀念物將代替他成為不朽，尤其是書寫的發明，為後代子孫紀錄下他的成就。[65]當烏特納比希提姆因為與神交談而變得有智慧時，吉爾伽美什卻學會在沒有神的幫助下反思自己的經驗。他失去的是幻象，得到的卻是「完全的智慧」，當他歸來時「疲倦不堪但終於放棄了」。[66]他已經遠離了舊的神話性異象，但歷史有它自己安慰人的方式。

在希臘，人們對古老的神話理想進行了類似的重新評估。以阿多尼斯的神話為例，人們改寫了杜牧茲和伊什塔的故事，將它變成一個政治神話。[67]阿多尼斯是個長不大的孩子，永遠拿不到公民身份。身為一個糟糕的獵人，他可能會通不過將希臘青少年變成公民的啟悟儀式，因為這些儀式經常是以狩獵考驗為中心。他是兩個女神的禁臠，從來無法和女人的世界分離。希臘公民是透過家庭與**城邦**（polis）結合在一起，但是阿多尼斯是因為亂倫生下

65 Ibid., I:9–12, 25–29, p.50.
66 Ibid., 1:4–7, p.50.
67 Robert A. Segal, 'Adonis: A Greek Eternal Child' in Dora C. Pozzi and John M. Wickersham (eds), *Myth and the Polis* (Ithaca, New York and London, 1991), 64–86.

的孩子，而亂倫是敗壞家庭理想的行為，阿多尼斯也未能建立自己的家庭。他那不負責任的生活方式更接近暴政（Tyranny），一種將國王凌駕於法律之上的政府形式，也是雅典人已經拋棄的政府形式。阿多尼斯的慶典是以女性毫無節制的哀悼為特色，被男性建制所厭惡。簡言之，他不僅政治上落伍遲鈍，透過將一切與理智清醒的、男性特質的**城邦**精神相反的事物人格化，他可能還幫助雅典人以這樣的方式定義了自己。

城市生活改變了神話。諸神開始顯得遙不可及。漸漸地，舊的儀式與故事不再能將人類投射到曾經如此接近的神聖領域。人們對於曾滋養祖先心靈的舊的神話性異象不再抱有幻想。隨著城市變得更加組織化，治安的維持更有效率，強盜土匪被繩之以法，諸神則似乎對於人類的困境越來越漠不關心。於是出現了精神真空的現象。在文明世界的一些角落，舊的靈性生活衰落了，但還沒有出現新的事物能夠取而代之。最終，這個弊病導致了另一場大的轉型。

五、軸心時代

——約西元前八〇〇年至西元前二〇〇年

延續上一章結尾，到了西元前八〇〇年，這變成了一個更加普遍的弊病，在四個不同的地區都出現了令人印象深刻的先知或聖賢，他們開始試著為此尋找一個新的解決辦法。德國哲學家卡爾・雅斯培斯（Karl Jaspers）將這個時期稱為「軸心時代」，因為這個時代證明是人類靈性發展的關鍵時期；人類在這段時間中所獲得的洞見持續滋養著人類男女，直到今天。[68]正如我們所知道的，它標誌著宗教的濫觴。人們前所未有地清楚意識到他們的本質、他們的處境以及他們的限制。新的宗教與哲學體系浮現：中國的儒教與道教；印度的佛教與印度教；中東的一神教，以及歐洲的希臘理性主義。這些軸心時代的傳統與某一類人息息相關，例如西元第六、七、八世紀時的偉大希伯來先知們；《奧義書》（*Upanishads*）中的聖人，以及印度的佛陀（西元前五六三年至西元前四八三年）；中國的孔子（西元前五五一年至西元前四七九年）以及《道德經》作者老子；[69]在希臘，有西元前五世紀的悲劇作

68 Karl Jaspers, *The Origin and Goal of History* (trans. Michael Bullock, London 1953), 1–78.

69 《道德經》一書直至西元三世紀中葉時才為人所知，為作者偽托傳說中聖人老子之名而作，咸認此書作者約生活於西元前七世紀末或六世紀。

家、蘇格拉底（西元前四六九年至西元前三九九年）、柏拉圖（西元前四二七年至西元前三四七年）以及亞里斯多德（西元前三八四年至西元前三二二年。

關於軸心時代還有很多未解之謎。我們不知道為什麼它只涉及中國人、印度人、希臘人和猶太人，也不知道為什麼在美索不達米亞或埃及沒有類似的發展。可以確定為真的是，這些軸心地區都陷入政治、社會和經濟的動盪，戰爭頻仍，流徙與殺戮四起，無數城市成為斷垣殘壁。但新的市場經濟也正在發展中：權力從祭司轉移到國王、商人手中，打亂了舊的等級秩序。所有這些新的信仰都不是在遙遠的沙漠或隱密的山林裡，而是在資本主義與金融發達的環境中發展起來的。但是這個巨變並不能充分說明軸心革命，它改變了人類與自己、與彼此，以及與周遭世界的連繫方式，從而留下了不可磨滅的印記。

所有的軸心運動都有共同的基本要素。所有的軸心運動都清楚意識到苦難似乎是人類境況中難以避免的一部分；它們都強調人們需要一個更屬靈的宗教，而不再過度依賴於外在的儀式與實踐；它們也都對於個人良知與道德產生了新的關注。從這時起，光是一絲不苟地執行傳統儀式已經不夠了；敬拜者也必須尊重自己的同胞。所有的聖賢都不贊成他們時代的暴力，並宣揚一種基於同情與正義的倫理。他們教導自己的門徒從內心尋求真理，而非仰賴來自祭司或其他宗教專家的教導。不應該相信任何事，一切都要被質疑，至今為止被視為理所當然的舊價值都必須受到批判性的檢驗。當然，其中一個需要重新評估的領域就是神話了。

當思索古代神話時，每個軸心運動都採取了稍許不同的立場。一些對某些神話潮流抱持敵意；其他的則採取自由放任的態度。所有軸心運動都以更內在、更倫理取向的方式來詮釋自己的神話。城市生活的出現意味著神話不再被人們視為理所當然。人們持續以批判的眼光來檢視它，但是當他們面對著人類心靈的謎團時，人們發現自己仍然本能地求助於古老的神話。這些故事也許需要重新改寫，但人們仍覺得它們的存在是必要的。如果某些更嚴苛的改革者擯棄了某個神話，有時它會在後來換上稍微不同的面貌然後偷偷回到體系中。人們也發現，即使是在這些更精緻複雜的宗教體系中，他們離不開神話。

但人們不再像他們的祖先那樣能夠輕而易舉地體驗到神聖了。諸神已開始從某些早期城市居民的意識中撤退。軸心時代國家的人仍渴望超越性的體驗，但神聖如今顯得十分遙遠，甚至給人一種異樣感。如今，一道鴻溝隔開了凡人與他們的神明。他們不再擁有同樣的本質；人們再也不可能相信諸神和人都是源自於同樣的神聖物質。早期希伯來神話曾構想一個能夠像朋友一樣和亞伯拉罕一起用餐、交談的神，[70]但是，當軸心時代的先知遇見這同一位神時，他們對神的體驗卻是恐懼戰兢，他不是讓他們的生命陷入險境，就是令他們戰慄不已。[71]至高真實如今似乎遙不可及。在印度，佛教徒覺得只有透過凡夫俗子望塵莫及的瑜伽修行消滅自己的常態意識，他們才能進入涅槃的神聖平靜；耆那教徒則奉行嚴格的禁欲主義，以至於有些人甚至把自己

70 Genesis 18.
71 Isaiah 6:5; Jeremiah 1:6–10; Ezekiel 2:15.

活活餓死。在中國，孔子認為大道，也就是至高真實，如今已與人類的世界如此格格不入，所以最好不要談論它。[72]這些南轅北轍的宗教體驗都意味著神話不再用古老的擬人化方式來輕鬆地講述神聖了。

中國在我們的討論中並沒有占太多的位置，因為在中國，「子不語怪力亂神」，高雅文化中的人並不談論鬼神之事。他們沒有關於神的戰爭、垂死的神或神婚的傳說；也沒有官方的萬神殿、宇宙演進論以及擬人化的神。中國城市沒有守護神，也沒有城市的崇拜儀式。然而，這並不表示中國社會沒有神話的支撐。祖先崇拜在中國極為重要，它指向一個人類世界存在以前的世界。告別逝去親人的儀式提供華人一個理想化的社會秩序模式，這個社會秩序被構想為一個家庭，並受到禮教的約束。河流、星辰、風、莊稼，都有神靈居住其中，它們順從天空之神「帝」（後來也被稱為天，即「天界（heaven）」）的統治，彼此和睦同居。不像其他的天空之神，中國的至高

---

72 Confucius, *Analects* 5:6; 16:2.

神並沒有從人間逐漸消失。它在商朝（約西元前一六〇〇年至西元前十一世紀中）時變得更加重要。商朝國王的正當性來自只有他一個人能接觸到帝／天，而且，根據長青哲學的原則，他是上帝在人間的對應者——此一神話在中華文化中常盛不衰，直到一九一一年辛亥革命推翻帝制為止。地上的政府和天上的安排是一樣的；臣子輔佐帝王，就像代表基本元素的諸神輔助天治理整個宇宙。

華人似乎比其他文化更早對軸心時代的精神展開探索。在西元前一一二六年，來自渭水流域（今中國陝西省境內）的一支民族推翻了商朝建立周朝。周聲稱最後一位商王暴虐無道，由於上天憐恤人民的苦難，因此將天命授予周——這個神話將倫理性格賦予了天。在華麗的音樂伴奏下，周朝用繁複的儀式來頌揚天界的秩序。在這些禮拜儀式中，人們經驗到一種社會和諧的神顯，這種和諧本身即是神聖的。無論是生者或死者，所有參與者都必須遵守這些儀式。所有的存在——神靈、祖先和人類，都有一個特別的位子；每個參與者都必須服從於這些儀式，無論好惡和個人傾向為何；這使得宇宙的理想秩序在這個由人類組成的不完美世界中成為了現實。重要的是儀式，而不是行動者；個人感覺自己被捲入這個神聖世界並成為其中的一部分，而宇宙以及他們的政體都是以這個神聖世界為基礎。

然而，到了孔子的時代，周朝已經衰微，舊秩序傾頹，禮崩樂壞。孔子認為這種無政府狀態是因為人們忽視了儀式以及公認的行為準則（禮），這些行為準則曾教導人如何與他人互動，但現在，人們卻把禮儀拋諸腦後，一味追逐自己的私利。一些古老的神話指出創造力的基礎是自我犧牲，但軸心時代的聖賢更明確地指出了這個洞見的倫理後果。每個希望追求人性自我完善的人，都必須在日常生活中實踐這種自我獻祭。[73]孔子在古老的中華文化精神中融入軸心時代的悲憫美德。他提倡「仁（慈心）」的理想，要求人們要「愛人」。[74]他是第一個推廣「己所不欲，勿施於人」這個道德黃金律的

73 遺憾的是，包容性的語言不適合於此處使用，正如大多數軸心時代的聖賢，孔子並沒有留給女性太多時間。

74 Confucius, *Analects* 12:22; 17:6.

人。[75]軸心時代的精神要求反省和自我省察，對於內在深處自我的細膩分析。除非你已經審視了自己的需求、動機與傾向，否則你無法舉止得當地待人；適當地尊重他人必須要經過一個「推己及人（恕）」的心理過程。[76]

但是孔子也明白，這不是單憑意志或理性的反思就能實現的。只有透過儀式與音樂的神奇力量，才能絕對超越一個人的自私自利；就像所有偉大的藝術一樣，儀式與音樂的神奇結合可以從內心深處改變一個人，讓一個人變得更好。[77]然而，只是參加儀式是不夠的：最重要的是了解儀式背後的精神核心，也就是灌輸人們一種以「讓」待人的態度，以克服驕傲、憤怒與嫉妒。[78]在莊嚴樂音的伴奏下，當敬拜者服從禮儀的要求向其他參與者鞠躬作揖，並在需要時禮讓他人為先時，他們學會如何在日常事務和人際關係中與自己的同伴共處。孔子回顧過去，在歷史中尋找能夠作為典範的人物。中華

75 Ibid., 12:2.
76 Ibid., 4;15.
77 Ibid., 8:8.
78 Ibid., 3:26; 17:12.

民族沒有關於諸神的故事，但他們崇拜文化中的英雄，這些英雄實際上是神話人物，但人們卻認為他們在歷史上曾經存在過。孔子心目中具有特殊地位的英雄有兩位是遠古時代的五位聖王之一。首先是堯，他不只教導中華民族如何適當地使用禮樂，他還示範了「讓」的美德。堯認為自己的兒子沒有一個有資格擔任統治者，因此選擇了以賢德著稱的村夫舜作為他的繼位者。舜也同樣表現出超常的無私精神，當舜的父親與兄弟試圖殺害他時，他仍繼續以敬愛的態度來對待他們。

但是對孔子而言，如果得到正確理解，儀式的重要性更甚於這些神話故事。類似的發展也出現在吠陀印度，在那裡，犧牲的儀式令所供奉的諸神都黯然失色。諸神逐漸淡出了宗教意識，西元前八世紀的儀式改革者設計了全新的禮拜儀式，將單獨的個人置於整個儀式的中心。因此，人不再倚靠神獲得幫助了；他們必須在儀式的舞台上為自己創造一個有秩序的世界。這些儀式產生了一股力量，被稱為梵（Brahman），在人們的感受中它是一股壓倒性的力量，以至於他們將它當成終極的現實，超越諸神並維持著世界的存在。時至今日，宗教慶典也能在人身上產生一種印度人稱為 anya manas 的狂喜狀態，一種與正常、世俗的意識截然不同的他心智（other mind）。印度與中華文化對於禮拜儀式的強調再次提醒我們，不能脫離這個脈絡來看待神話。神話與宗教實踐之間並無高下之分，兩者都有助於傳達一種神聖感，雖然通常是兩者合作，但有時儀式在傳達神聖感這件事上會占據優先的地位。

然而，軸心時代的聖賢們還強調第三種要素。若要理解神話的真實意義，你不僅要參與儀式，這會為它帶來情感上的共鳴；而且你還要在待人處事上表現出正確的倫理態度。除非你在日常生活中貫徹實踐孔子所說的仁、讓與恕，否則堯舜神話對你來說就只會是抽象、晦澀的傳說而已。在吠陀時代的印度，儀式性的舉動曾被稱為業（Karma，「諸行」）。然而，佛陀卻對這些犧牲的儀式毫無興趣。他重新將**業**定義為激發我們日常行為的意圖。[79] 我們的動機是內在的業，這些心理活動比儀式性的服從更重要，其重

79 *Anguttara Nikaya* 6:63.

要性與外在行動不相上下。這就是典型的軸心時期革命，它深化了人們人們對道德與神話的理解，並將其內在化。神話始終要求人們採取行動。軸心時期的聖賢向人們指出，神話若沒有引導人將悲憫與正義落實到日常生活中，就無法顯示出它的完整意義。

西元前三世紀的《道德經》傳統上被認為是老子的著作，這本書也對傳統儀式持否定的看法。老子仰賴與印度瑜珈術類似的修心（concentration），而不是禮。他認為文明是個錯誤，讓人們誤入歧途，遠離正道。老子緬懷黃金年代農業社會的簡樸生活，人們生活在小型的村落中，那時既沒有科技、藝術、文化，也沒有戰爭。[80]他認為這個黃金年代隨著文化英雄神農氏的逝去已經結束了，神農氏為了教導人類農業的科學，付出了巨大的犧牲代價。為了確定其是否可食用，他曾嘗遍百草，有一次甚至一天內就中毒了七十次之多。到了西元前第三世紀，當強大的王國通過一連串的征戰吞滅弱小的邦

80 *Dao De Jing* 80.

國與氏族時，神農氏的神話也改變了。他被視為是一位理想的統治者。據說他曾治理過一個地方分權的帝國，他與自己的臣民一起下田耕作，他的統治既沒有臣子輔佐，也沒有法律與懲罰。此後，理想主義的隱士們退出了公共生活，試圖重新恢復神農的理想之治，而《道德經》向小國寡民的統治者也給出了類似的建議。最好的生存之道就是韜光養晦，無為處世，靜待無道強權自取滅亡。

但就像所有軸心時代的人類導師一樣，老子不僅關注現實的生存之道，他也希望在動盪不安的塵世中找到超然寧靜的精神泉源。他渴望認識終極現實，也就是超越諸神並作為存在之不可言喻基礎的「道」。道超越人類構想的一切概念之上，雖不可名，但若是我們虛極守靜，去除自私的欲望與貪念，慈悲為懷，我們就能與道和諧共生並由此而得到轉化。當我們棄絕目標導向的文明精神時，我們將與事物的自然之道達至和諧一致。[81] 然而，正如老子

81 Ibid., 25.

在描述人類的理想政體時，渴望效法神話的黃金年代的神農氏，他也試圖透過傳統神話（這些神話也許仍流行在大眾文化中）來喚起人們對道的認識。道是「天地根」、「萬物之宗」、「天下母」。史前時代的人類認為大母神凶惡殘暴，但是在新的軸心時代精神光照下，老子賦予她仁慈的秉性。她與無私的精神新聯繫，而無私與真正的創造力密不可分。[82]史前人類有會鑽入地底隧道，以求體驗重新回到子宮。而老子所構想的完美人類典範聖人，則是透過服從宇宙的運行之道而重新回歸。

老子和佛陀都樂意用古老的神話來幫助人民理解新觀念。佛陀認為動物獻祭不僅無用而且殘酷，因此抨擊吠陀時代的儀式主義，但他對傳統神話卻抱持著包容的態度。他雖不再認為神是靈驗的，但他覺得沒必要針對他們發動意識形態攻擊，只要置之不理就好。他也賦予諸神新的象徵意義。在一些關於佛陀生平的故事中，如至高神梵天或死神摩羅（Mara）似乎是他自己內

82 Ibid., 6, 16, 40, 67.

在狀態的反映，或是衝突的精神力量的人格化。[83]

但是以色列的先知並沒有採取這種放鬆的態度。他們認為有必要全力反抗古老的神話，因為他們認為這些神話和他們的軸心時代改革格格不入。幾世紀以來，以色列人一直都擁抱近東的儀式與神話生活，除了自己的神耶和華，他們也敬拜著阿什拉、巴力和伊絲塔。但因耶和華已變得似乎遙不可及，何西阿、耶利米和以西結等先知於是對古老的擬人神話進行了激進的修訂。由於古老的故事現在已顯得空洞無意義，他們便宣布這些故事都是假的。他們的神耶和華是**唯一**真神，他無上的超越性反襯出這些古老傳說的瑣碎膚淺。他們發起了一場反對舊宗教的論戰。在他們的描述中，耶和華為了爭取諸神大會的領導權不得不做出激烈的表態，他指責他的諸神同僚不重視軸心時代的正義與慈愛美德，他們將與世界漸行漸遠，最終像凡人一樣死去。[84]約書亞、大衛和猶大王耶西亞等文化英雄都毫不留情地打壓在地的異教崇

83 *Jataka* 1:54–63; *Vinaya: Mahavagga* 1:4.
84 Psalm 82.

拜，[85]巴力或碼爾杜克（Markuk）的雕像被嘲笑是人手用金銀打造，一個工匠只需要幾個小時就能拼湊出一尊這樣的雕像。[86]

這當然是對中東異教的一種簡化看法。但宗教史顯示，一旦一個神話不再給予人們超越性的啟示，它就會變得令人厭惡。一神教，也就是只信仰一位神的宗教，一開始必須進行一場鬥爭。因為許多以色列人還是受到舊神話的魅力吸引，他們必須努力克服這種吸引力。在這過程中他們感覺自己從鄰居的神話世界中被痛苦地撕裂開來，成為了局外人。我們可以從耶利米的悲痛心情中感受到這種撕裂的緊張，他在令其四肢抽搐的痛苦中感受到上帝的存在，我們也可以從以西結的奇特經歷感受到它，以西結的一生就是這種極端斷裂的典型表現。上帝命令以西結吞下穢物，還禁止他哀悼自己死去的妻子；強大的恐懼占據了他的內心，使得他不能控制地渾身發抖。

這些軸心時代的先知意識到他們正帶領自己的人民進入一個未知的世

---

85 2 Chronicles 34:5–7.

86 Hosea 13:2; Jeremiah 10; Psalms 31:6; 115:4–8; 135:15.

界，一切都不再理所當然，正常的反應方式已經不管用了。

但是最終痛苦平息了，取而代之的是種平靜的自信，如今我們稱為猶太教的宗教誕生了。

諷刺的是，這種新的自信竟來自於一場巨大的災難。西元五八六年，巴比倫王尼布甲尼撒攻陷耶路撒冷，並摧毀了耶和華的聖殿。大量的以色列人被迫流亡巴比倫，這些流亡者目睹了高聳金字形神塔、這座城市豐富的敬拜生活，以及巨大的埃薩吉拉（Esagila）神廟。然而正是在巴比倫，異教信仰失去了它對色列人的吸引力。我們在〈創世記〉第一章中看見了一股新的精神，在這個也許是由一位所謂的祭司學派成員所撰寫的文本中，作者以平靜沉著的口吻針對那些舊有好戰的宇宙演化論提出了挑戰。透過平和、有條不紊的散文體，這個新的創世神話以冷靜的質疑目光審視了巴比倫人的宇宙觀。和瑪爾杜克不同，以色列的神不需要先進行一場殊死戰才能創造世界；只需要下個指令，他不費吹灰之力就能創造天地萬物。日月星辰，天空與大地本身不是神，也不對耶和華懷有敵意。它們聽命於他，而且是基於純粹實用的目的而被創造出來的。海怪不是提阿瑪特，但也是神的造物，必須為他效命。耶和華的創造行動比馬爾杜克高明得多，這種創造根本不需要重複或更新。當巴比倫諸神仍忙於跟各種混亂的力量進行戰鬥，並且需要人們舉行新年的慶祝儀式來幫助他們恢復元氣時，耶和華卻可以在第七天休息，因為他的工作已經完成了。

但如果有適合他們的古老中東神話，以色列人也是相當樂意採納的。在〈出埃及記〉中對以色列人穿越蘆葦海（Sea of Reeds）的描述正是個不折不扣的神話。[87] 傳統上，人們把浸入水中當成一種通過儀式；其他的神會在創造世界時將海一分為二——雖然在〈出埃及記〉中，海水分開後創造出來的不是一個世界，而是一個民族。我們稱為第二以賽亞的那個活躍於六世紀中巴比倫的先知以清晰、明確的口吻闡述了一神信仰。他的語調不卑不亢，對於耶和華是唯一真神沒有任何的懷疑；對抗的情緒已經消失了。然而他卻又

87 Exodus 14.

提到古代的創世神話，這些神話將耶和華描繪成戰勝海怪創造世界後創造世界的神，就和其他的中東神明一樣；他也將戰勝原始海洋的勝利跟耶和華在以色列人出埃及時分開蘆葦海相提並論。以色列人現在可以期盼神聖力量在自己時代中以類似方式展現出來，因為上帝要將他們從流徙之地帶回家鄉了。《吉爾伽美什史詩》的巴比倫作者將古代史和神話融合在一起，但第二以賽亞走得更遠。他把神在遠古時代的作為和當時的事件連結在一起。[88]

在希臘，軸心時代是由理性思維（理性）推動的，理性思維和神話在不同的心智層次上運作。神話要求情感的投入或某種儀式性擬仿，才能產生意義，而理性思維則試圖透過以禁得起批判性思維檢視的方式進行審慎探究，從而建立真理。在希臘愛奧尼亞殖民地，如今的土耳其，第一批物理學家嘗試為舊的宇宙論神話建立一個理性的基礎。但這一科學事業還沒有跳脫舊的神話及原型框架，某程度上令人回想起巴比倫史詩《埃努瑪·埃利什》，他

88 Isaiah 43:11–12.

們認為世界是從某種原始的東西演化而來，不是神意旨的產物，而是遵循著宇宙的規律法則。對於阿納克希曼德（Anaximander，西元前六一一至五四七年）而言，原始**本源**（**arch**）與任何人類經驗都截然不同。他將之稱為無限（Infinite）；我們熟悉的世界要素都是在冷熱交替的過程中從其中產生出來。阿納克希曼尼（Anaximenes，約西元前五〇〇年）認為**本源**是無限的氣；但對赫拉克利特（Heraclitus，活躍於西元前五〇〇年）而言，本源是火。這些早期的沉思和古老神話一樣充滿虛構，因為他們無法證實這些觀點。詩人色諾芬尼（Xenophanes，活躍於西元前五四〇至五〇〇年）明白這點，並對人類思想的局限性進行了反省。他試圖書寫理性的神學，摒棄將諸神擬人化的神話，而是設想了一位神，祂是一股抽象、不具人性的力量，服從於研究自然者的科學，道德完美但永恆不變、全知全能。對愛奧尼亞物理學感興趣的人寥寥無幾，但它是希臘軸心時代精神的初次體現。西元四世紀，對於哲學的狂熱開始生根茁壯，但是在這之前，雅典人就已發展出一種新的儀式類型，悲劇的**擬仿**，它在宗教慶典的背景下以莊嚴的手法重現了古代神話，但也同時對其進行了仔細的審視。埃斯庫羅斯（Aeschylus，西元前四九六至四〇五年）、索福克利斯（Aophocles，西元前四九六至四〇五年）即尤里匹底斯（Euripedes，西元前四八〇至四〇六年）都將諸神送上審判席，而觀眾則扮演法庭上的法官。神話不會自我質疑；它要求某程度的自我認同。然而悲劇不同，它在自己和傳統神話之間保持了一定的距離，並對最根深蒂固的一些希臘價值提出了質疑。諸神是否信守公平正義？英雄主義的價值為何？希臘精神或民主體制的價值為何？在轉型的年代悲劇嶄露了頭角，這是個舊神話開始跟新的城邦政治現實產生脫節的時期。像伊底帕斯（Oedipus）這樣的英雄仍投入於傳統神話的理想，但它們卻無法幫助他解決他的困境。神話英雄可以透過戰鬥來贏得勝利，或至少某程度上解決他們問題，但是悲劇英雄卻沒有這樣的選項。他們深陷痛苦與困惑中，必須做有意識的選擇並接受選擇所帶來的結果。

然而，儘管反對偶像崇拜，悲劇的演出仍採取了傳統儀式的形式。和任何宗教儀式一樣，悲劇代表了從孤立的悲傷走向群體分享失落的運動，然而這是個人的內心生活第一次走入了**城邦**（polis）的宗教生活。這些戲劇往往在戴奧尼索斯（Dionysos）的慶典中上演，他是轉變之神，原本也許會在雅典青年人的啟悟以及他們取得完整公民權的過程中扮演重要角色。如同任何啟悟的發生一樣，悲劇逼迫觀眾去面對那些不可言說者，並體驗極端情境。它接近犧牲的意識形態，因為悲劇會產生**淨化**（karthars**is**），這是由於憐憫與恐懼交織的強烈情感對個人身心產生了劇烈搖撼，從而導致了內心的淨化。但這種新的犧牲形式瀰漫著軸心時代的悲憫精神，因為當觀眾學會對他人的痛苦感同身受的能力時，自然就會更富有同情心與人性。

柏拉圖不喜歡悲劇，因為它的情感成分太濃厚；他認為悲劇會助長人們靈魂中的非理性，但只有藉由**理性思維**，人類才能充分實現自己的潛能。[89] 他將神話跟老婦人的無稽之談相提並論，認為只有邏輯、理性的論述才能帶來真正的理解。[90] 柏拉圖永恆理型（Eternal Idea）理論可說是神聖原型的古

---

89 Plato, *The Republic,* 10:603D-607A.

90 Ibid., 522a8; Plato *Timaeus* 26E5.

代神話的哲學版本，這種理論認為世俗事物不過是永恆理型的薄影。然而，對柏拉圖而言，愛、美、正義、善的理型無法透過神話或儀式性的啟悟而直觀或習得，而只能透過心智的理性力量來把握。亞里斯多德同意柏拉圖的看法。他認為古代神話難以理解：「因為他們認為最初本源是神，或出自於神，他們說沒有嚐過甘露或仙果的人都會成為凡人……至於這些原因實際上的用意為何，他們的陳述卻超出了我們的理解範圍。」亞里斯多德把神話當成了哲學文本來讀。從科學的角度，這些神話都是無稽之談，每一位嚴肅的真理追求者都應該「求教於那些透過論證進行推理的人」。[91] 哲學研究似乎在**神話思維**（mythos）與**理性思維**之間製造出一道裂痕，但此前這兩者曾是互補的。

然而，這並不是故事的全貌。儘管柏拉圖對神話感到不耐，但他仍允許它在人類對理型的探究中扮演一個重要的角色，因為理型超越了哲學語言所

91 *Metaphysics* III, 1000a11–20.

能觸及的範圍。我們無法用理性思維來談論善，因為善並不是**一個**存在，而是存在與知識的源頭。而宇宙的起源或諸神的誕生這類的事情則似乎既受制於盲目的因果論，又受到非理性的嚴重汙染，以致根本無法以清晰連貫的論證方式來加以表述。所以，當主題一旦降到哲學論述的標準**以下**時，我們就只能得到一種貌似可信的預言了。[92]舉例來說，當柏拉圖談到靈魂時，他就又回到有關轉世的古老東方神話了。[93]亞里斯多德也承認，儘管有些關於諸神的神話實在荒謬可笑，但此一傳統的基礎，也就是「所有初始物質都是神」這一觀念卻是「真正神聖的」。[94]

西方思想因此存在著一種矛盾。希臘**理性思維**似乎反對神話，但哲學家們卻持續使用神話，他們不是將神話視為理性思維的原始先驅，就是認為神話對宗教論述是不可或缺的。事實上，儘管希臘理性主義在軸心時代達成了

92 Plato, *The Republic* 6:509ff.
93 Plato, *Timaeus* 41e.
94 Aristotle, *Metaphysics*, 1074 Bf.

里程碑性的成就，但它對希臘宗教並未產生影響。希臘人仍繼續向諸神獻上犧牲、參與埃留西斯的神祕祭儀、歡慶他們的節日，直到西元六世紀時查士丁尼大帝強力鎮壓了這個異教徒的宗教，並以基督信仰的神話思維取而代之為止。

六、後軸心時代

——西元前二〇〇年至西元一五〇〇年

至今為止，在我們的歷史探索中我們一直專注在促使人類修正他們神話的重大知性、靈性及社會革命。軸心時代後，有超過一千年的時間再也沒有出現一個可與之相提並論的變革時代。無論在靈性與宗教層面，我們都仍仰賴軸心時代聖賢哲人所留下的洞見，直到西元十六世紀，神話在人們心目中仍維持著不變的地位。在這段歷史中，我們將專注於西方，除了因為下一個創新時期發軔於此之外，也是因為西方人民發現了神話所存在的問題。我們將專注於西方宗教，因為西方三大一神論信仰都宣稱自己的基礎是歷史而非神話，至少是部分如此。其他的重要傳統對於神話的態度則較不明確。印度教認為歷史是轉瞬即逝的幻覺，因此不值得作為靈性生活的參考。印度教徒在神話的原型世界中感覺更為自在。佛教是種深入探討人心的宗教，認為神話作為心理學的早期形式與其高度契合。在儒家思想中，儀式始終比神話敘事更為重要。然而猶太人、基督徒和穆斯林則相信自己的神活躍於歷史中，並且人們可在世界上實際發生的事件中經驗到祂。這些事件真實發生過嗎？還是它們「只是」神話？由於柏拉圖與亞里斯多德影響，西方人的心靈也對神話抱持著不安的態度，一神論者每隔一段時間就會嘗試讓他們的宗教符合哲學的理性標準，但大多數人最終仍會得出一個結論：這是種錯誤的做法。

猶太教對於其他民族的神話抱持著一種自相矛盾的態度。它似乎對其他民族的神話有種敵意，但有時又會採用這些異國故事來表達猶太人的異象。此外，猶太教也持續啟發出更多的神話。其中之一就是基督教。耶穌和他的第一批門徒都是猶太人，猶太靈性生活是他們的強大根源，聖保羅就是一個例子，可以說就是他將耶穌轉變為一個神話人物。這句話不帶有貶意。耶穌是個真實在歷史上存在過的人類，他在約西元三〇年時被羅馬人處死，他的第一批門徒認定他（在某個意義上）已經從死人中復活了。但是除非人們可以將一個歷史事件神話化，否則它不可能成為宗教靈感的來源。在人們的回憶中，神話是（在某個意義上）曾經發生過一次的事件，但是它也是一個持續發生的事件。一個事件必須能擺脫特定時期的限制，並進入當代敬拜者的生活中，否則它就會一直是個獨一無二、無法重複的偶發事件，甚至是無法真正觸及他人生活的異常歷史事件。我們不知道以色列人逃離埃及和跨越蘆葦海時到底發生了什麼，因為故事是以神話的筆法寫成的。數百年來，逾越節儀式使這個傳說成為猶太靈性生活的核心，每個猶太人都被教導他們必須將自己視為出埃及的一代。神話必須通過轉化儀式才能正確理解，這些儀式將神話植入世世代代敬拜者的生活與內心。神話要求人們採取行動：〈出埃及記〉神話要求猶太人培養一種崇尚自由的神聖價值，拒絕讓自己受到奴役也拒絕壓迫他人。透過儀式實踐及倫理響應，神話不再只是發生在遙遠過去的一個事件，而是成為了活生生的現實。

聖保羅也對耶穌做了同樣的事。他對於耶穌的教導以及他在世時發生的事不太感興趣，因為他很少引用他的話。「儘管我們曾認識肉身裡的基督，」他在寫給改信基督教的哥林多信徒的書信中這樣寫道，「我們如今卻不再這樣認識他了。」[95]重要的是他死亡與復活的「奧祕（mystery）」（該詞與希臘文神話〔mythos〕有同樣的詞根。）。保羅將耶穌轉變為永恆的神話英雄，

95 2 Corinthians 5:16.

死後從陰間升起並重獲新生。耶穌在被釘上十字架後，神將他高舉到一個獨一無二的地位，他的高升令他進入了更高的存在模式。[96]但每個人只要經歷了洗禮（水浸的傳統轉化儀式）的啟悟就能進入到耶穌的死中並分享他的全新生命。[97]耶穌不再只是一個歷史人物，透過儀式以及活出與耶穌自己一樣無私生活的倫理戒律，耶穌在基督徒的生活中成為了一種屬靈的現實。[98]基督徒雖不再認識「在肉身裡」的他，但他們會在其他人身上、在對聖經的研究中、在聖餐中和他相遇。[99]他們不是因為看見了歷史證據而知道這個神話是真實的，他們知道是因為他們經歷過那種轉變。因此，耶穌的死亡與「高升」是個神話，因為它既是曾經發生在耶穌身上，但如今也每時每刻都正在發生。基督教是軸心時代一神信仰在後期的重現；另外一個就是伊斯蘭教。穆斯林認為先知穆罕默德（西元五七〇年至六三二年）是聖經先知和耶穌的

96 Philippians 2:9.
97 Philippians 2:9–11.
98 Philippians 2:7–9.
99 Luke 24:13–22.

傳人。穆罕默德帶給阿拉伯人的聖經《古蘭經》並不質疑神話的價值。《古蘭經》的每一段經文都被稱為一個ayah，[100]即一個寓言。所有有關先知阿丹（Adam）、[101]挪亞、亞伯拉罕、摩西或耶穌的故事都是ayat，[102]即寓言、比喻，因為我們只能借助跡象與符號來談論神聖。阿拉伯文的Qur'an[103]一字，意為背誦。人們不能像閱讀一本世俗的手冊一樣私下閱讀《古蘭經》以獲取訊息，而是必須在神聖場所清真寺中誦讀，除非一個穆斯林按照其倫理訓示生活，否則《古蘭經》不會向他揭示其全部意義。

由於這些歷史性宗教具有神話的內涵，猶太人、基督徒和穆斯林仍持續使用神話來解釋他們的見解或是應對危機。他們的神祕主義者均求助於神話。英文神祕主義（mysticism）與奧祕（mystery）都與希臘文動詞有關，意為「閉上眼睛或嘴巴」。它們均指向曖昧難言的體驗，因為這些體驗具有難

100 譯註：阿拉伯文。
101 譯註：基督教聖經中譯為亞當。
102 譯註：阿拉伯文。
103 譯註：《古蘭經》的阿拉伯文。

以言說的特質，同時這兩個字也都與內在世界而非外在世界有關。所有宗教傳統都發展出專注的操練並已成為一種英雄神話之旅的版本，神祕主義者通過這種專注的操練展開心靈深處之旅。因為神話描繪了這個隱藏、內在的存在維度，神祕主義者自然會在乍看下似乎與他們傳統的正道相悖的神話中描述他們的體驗。

這在猶太神祕主義傳統卡巴拉（Kabbalah）信仰中表現得特別明顯。我們已經看見了聖經作者對巴比倫或敘利亞神話抱持著敵意。但卡巴拉信徒想像的神的演化與《埃努瑪・埃利什》中描述的漸進式的神譜（theogony）沒有什麼不同。神祕主義者稱為恩所夫[104]的神祕莫測的神性中，出現了十個神聖的**色非若**（即「編號（numerations）」[105]）即十個發散神性的物質，代表了恩所夫從其孤獨的存在狀態降下並向人類揭示祂自身的過程。[106]每個**色非**

104 譯註：En 'Sof，意即「無限」。
105 譯註：sefirot，亦常譯為質點、源質，複數。單數為色非拉，sefirah。
106 卡拉巴信徒強調恩所夫既不是男性也不是女性。它是「它」，但是在發散過程的最後變成了神祕主義者認為的「你」。

非拉都是這個開展中的啟示的一個階段，並有其對應的象徵性名稱。每個質點都讓有限的人類心靈更容易理解神性的奧祕。每個質點也都是神的話語，以及神創造這個世界的工具。最後的一個**色非拉**被稱為舍其那（Shekhinah），即神的在世顯出。人們通常將舍其那想像為一位女性，代表神的女性面向。有些卡巴拉信徒甚至會想像神性的男性與女性元素進行交媾，即完整與重新整合的意象。在某些卡巴拉信仰形式中，舍其那是個迷失並與神性疏離的新娘，徘徊於人世間的她遭到神界的放逐，渴望回歸自己的本源。透過小心翼翼地遵守摩西律法，卡巴拉信徒可以結束舍其那的流放並使世界回歸神的懷抱。在聖經的時代，猶太人痛恨在地人崇拜的女神如亞納，她在塵世中徘徊，尋找她神聖的配偶，並歡慶她與巴力透過性而完成的結合。但是當猶太人嘗試找到方式來表達他們對於神性的神祕主義領悟時，這個受到他們憎恨唾棄的異教神話卻在默許中得到了猶太人的認可。

卡巴拉信仰似乎沒有得到聖經的擔保，但是在現代時期前，人們一般都理所當然地認為並不存在所謂官方版本的神話。人們一直都可以自由地創造新的神話，或是對舊的神話敘事進行激進的詮釋。卡巴拉信徒並不是按照字面意義來閱讀聖經，他們發展出的注釋讓聖經文本中的每個字都指向某個**色非若**。比方說〈創世記〉第一章的每個經節都描述了一個事件，可在神隱藏的生活中找到其對應。卡巴拉信徒甚至覺得他們可以自由地設計一個新的神話，而這個神話與〈創世紀〉的敘述毫無相似之處。一四九二年，信奉天主教的君主斐迪南和伊莎貝拉將猶太人逐出西班牙，在這之後，許多人對於〈創世紀〉第一章中那種平靜有序的創世神話不再能產生共鳴，於是卡巴拉信徒以撒·呂理亞（Issac Luria，西元一五三四年至一五七二年）就向人們訴說了一個截然不同的創世神話，故事中充滿了錯誤的開始、神犯的錯誤、爆炸、暴力的逆轉以及災難，這些事情導致神創造出一個有瑕疵的世界，其中的萬事萬物全都錯位了。這個離經叛道的非正統神話一點也沒有嚇倒猶太人，呂理亞派卡巴拉信仰反而在猶太人中引發了一場群眾運動。它反思了十六世紀猶太人的悲慘經歷，但這神話並不是孤立的。呂理亞還設計了特殊的儀式、冥想方法以及倫理戒律，賦予這個神話生命，並使它在散居世界各地的猶太人的生活中成為了一個屬靈現實。

基督徒和穆斯林歷史中也曾出現過相似的例子。當羅馬帝國在西方衰落時，北非希波的主教聖奧古斯丁（西元三五四年至四三〇年）重新詮釋了亞當和夏娃的神話，並發展出原罪的神話。由於亞當的悖逆，神對人類一族發出了永恆的詛咒（這又是另一個缺乏聖經依據的想法）。透過性行為，所有亞當的後代都繼承了他的罪，性行為被人類的私欲玷汙了，這種非理性的「私欲（concupiscence）」令人只想在神的各種造物身上尋歡作樂，而不再以神為滿足，這便是原罪所帶來的永久影響。私欲在性行為上表現得最為明顯，人們將神完全拋在腦後，神的造物毫無羞恥地陶醉於彼此肉身的狂歡。這種理性被感官混亂和肆意的激情擊潰的情景和羅馬的衰亡類似，西方理性、法律與秩序的源頭如今在蠻族的進攻下顯得不堪一擊。西方基督徒經常認為原罪的神話是他們信仰的精髓所在，但仍持續存續的拜占庭羅馬的希臘東正教從未完全認可此一教義，他們不認為耶穌是為了拯救我們脫離原罪的轄制而死，主張即便亞當沒有犯罪，上帝也會化身為人。

伊斯蘭教中的神祕主義者也發展出分離並回歸神的神話。據說先知穆罕默德曾經從耶路撒冷的聖殿山神祕地升到上帝的寶座前。這個神話成為穆斯林靈性生活的原型，蘇菲派信徒將這次神話式的升天之旅當成一個象徵，即象徵穆罕默德展現出完美的「伊斯蘭行為（act of islam）[107]」，或象徵他完美地「臣服」於神。什葉派穆斯林發展出一種有關穆罕默德先知男性後人的神話觀，認為只有這些人才是他們的**伊瑪目**（imam，即「領袖」）。每個伊瑪目都是神聖**伊勒姆**（ilm，即「知識」）的化身。當此一世系中斷時，他們說最後的伊瑪目已進入一種「隱匿（occultation）」狀態，但有朝一日他將再來並開啟一個公義與和平的新時代。就這點而言，什葉派主要是個神祕主義運動，而如果沒有特殊的冥想操練和靈性注釋，這個神話就毫無意義。什葉派信徒當然不希望人們從字面上詮釋他們的神話。伊瑪目體制（Imamate）的神話也許看似是對穆斯林正統信仰的蔑視，實際上卻是一種

107 譯註：阿拉伯文，意為順從真神。

象徵性表達方式，這些神祕主義者用它來表達他們對於在一個動盪、危險的世界中存在著某種神性的感受，這種神聖存在是內在而可及的。遁世伊瑪目（Hidden Imam）已成了一個神話；他在常史中的消失使得他不再受到時間與空間的限制，而且矛盾的是，相較於他仍在阿拔斯王朝（Abbasid）哈里發命令下受到軟禁時，現在的他反而成為什葉派信徒生活中更為生活鮮明的存在。這個神話故事說出了我們對神聖的感受：它的存在令人捉摸不定，存在於這個世界卻又不屬於這個世界。

但是由於希臘人對**神話思維**與**理性思維**之區別的體會，一些猶太人、基督徒和穆斯林對於自己傳統中豐富的神話內涵開始感到不安。當西元八世紀至九世紀間，柏拉圖與亞理斯多德的思想被翻成阿拉伯文時，一些穆斯林嘗試將《古蘭經》的宗教變成**理性思維**的宗教。他們以亞里斯多德對第一因的論證為範本發展出安拉存在的「證據」。這些人們稱為菲拉蘇夫（Faylasuf）[108]的人希望清除伊斯蘭信仰中被他們視為原始、神話性的元素。

108 譯註：阿拉伯文，意為哲學家。

他們任務很艱鉅，因為這些哲學家的神不關心凡塵俗事、沒有在歷史中顯現自身、不曾創造世界，甚至不知道人類的存在。儘管如此，菲拉蘇夫還是吸引了僅限於知識分子菁英圈的一小群人。第一因也許比《聖經》和《古蘭經》的神更符合邏輯，但是要大多數人對一個對他們一點也不感興趣的神感到興趣，實在是很困難。

值得留意的是，希臘正教基督徒對這種理性化抱持著鄙視的態度。他們熟知自己的希臘傳統，他們心知肚明的是，正如柏拉圖所說明的，無論是**理性思維**還是**神話思維**都不能證明至善的存在。他們認為，神學研究不可能是理性的操演。用理性來討論神聖根本就像緣木求魚一樣毫無道理。只有結合了禱告與禮拜儀式，神學才是正當有效的。穆斯林和猶太人最終達成了相同結論。到了十一世紀，穆斯林決定哲學必須和靈性、儀式和禱告結合在一起，而直到十九世紀末，帶有神話、神祕色彩的蘇菲派宗教一直是伊斯蘭信仰的規範形式。同樣地，猶太人也發現，當他們遭遇到從西班牙被逐出之類的悲劇並深受折磨時，哲學家的那種理性宗教無法幫上他們的忙，於是他們轉而求助卡巴拉派的神話，經過心靈在大腦層次的解讀，這些神話觸及了源自他們內在深處的痛苦與渴望。他們都轉而擁抱了神話與理性乃是相輔相成的古老觀點。在醫學、數學和自然科學領域，理性思維是不可或缺的——而這些都是穆斯林特別擅長的領域。但是當他們希望找到自己生命的終極意義與價值、當他們想要減輕他們內心的絕望，或當他們希望探索自己的內在人格時，他們就會投向神話的懷抱。

然而，十一、十二世紀時，西歐的基督徒重新發現了柏拉圖和亞理斯多德的著作，這些著作在羅馬帝國滅亡後又經歷了黑暗時代，曾經在他們之中失傳了一段時間。正當猶太人和穆斯林開始放棄理性化他們神話的嘗試時，西方基督徒卻以一種堅韌的熱忱態度接下了這個任務。他們已經開始與神話的意義失去聯繫。因此，西歐成為人類史下一個偉大轉變的發源地，也許並不令人意外，因為這次的轉變將讓人們再也難以用神話的方式進行思考。

七、西方大轉型期

——西元一五〇〇年至西元二〇〇〇年

十六世紀時，歐洲人幾乎是透過嘗試錯誤的方式領先創造出一種史無前例的文明，其後他們的努力在美國這塊土地上得到了延續，並在十九世紀及二十世紀擴散至世界上的其他地方。這是人類經驗中最近一次的偉大革命。就像農業的發現或城市的發明，這次革命也具有深遠的影響，儘管對此我們才剛剛開始有所體會。人們的生活經歷了巨大的改變，但也許這個新實驗的最重要（也可能是最具災難性的）結果，是神話的死亡。

西方現代性是**理性思維**的產物。它建立在一個截然不同的經濟基礎之上。它不像所有前現代文明一樣依靠農業生產的剩餘，新的西方社會建立在資源的技術性複製及資本的持續再投入之上。這使得現代社會從傳統文化的許多束縛中解放出來，因為以農業為經濟基礎的生活勢必是朝不保夕。直到現代以前，任何一個需要太多資金投入的創新或想法都可能被束之高閣，因為在我們之前沒有哪個社會負擔得起不間斷的基礎建設投資，而我們現在卻認為這是理所當然。農業社會之所以脆弱是因為它們取決於諸如收穫或土壤侵蝕等變數。帝國擴張並增加其對人民的承諾後，不可避免的結果就是財政基礎的透支。但是西方卻發展出一種似乎（有潛力）可以無限再生的經濟。西方人不再回首過去並努力保存既有成就，就像所有前現代文明的習慣，他們開始向前看。漫長的現代化進程持續了三百年的時間，其中涉及一系列的深刻變革：工業化、農業轉型、為重新組織社會以適應新形勢而進行的政治及社會革命，以及將神話貶棄為無用、虛假、過時的一種知識「啟蒙」。

西方的成就有賴於實用、科學精神的凱旋。效率是它的新口號。一切都要能行之有效。新的想法或創新都必須禁得起理性證據的檢驗，並服從於外在世界的運作邏輯。**理性思維**與神話不同之處在於它必須符合事實；它本質上是實用性的；當我們想要完成某件事時，我們就會用到這種思維模式；為了更大程度地控制我們的環境或發現新事物，理性思維展望未來，從不間斷。從此以後，西方社會的新英雄變成科學家或發明家了，他們為了自己的社會勇於冒險進入未知的領域。他和軸心時代的哲人一樣，常常不得不褻瀆古老的神聖性。但西方現代性的英雄們是精通**理性思維**的技術或科學天才，而不是受到**神話思維**啟示的屬靈天才。這意味著直觀、神話的思維模式將被打入冷宮，更符合實用主義、邏輯精神的科學理性則成為新寵。因為大多數西方人不再使用神話了，許多人甚至完全喪失了對神話的理解力。

一種新的樂觀主義出現在西方。人們覺得自己已經能夠更大程度地控制環境。沒有什麼神聖不移的法則。多虧了人類的科學發現，他們現在可以操控自然並改善自己的命運。現代醫學、現代衛生、節省勞動力的技術以及交通方式的改進，種種革命性發現都讓西方人的生活變得更好。但是**理性思維**從未能提供給人類他們所需的意義感。過去，神話一直賦予人類生命以結構與意義，但是，由於現代化的推進以及**理性思維**達成的輝煌成就，我們看見有越來越多的證據顯示，隨著舊有神話思維方式的崩潰，卻沒有任何新事物有能力取而代之，麻木的絕望、不斷蔓延的精神麻痺，以及無力與憤怒感成為了人們的普遍感受。今天，我們正在仍處於現代化初期的發展中國家中看見類似的失規範（anomie）現象。

十六世紀時，這種異化就已經明顯出現在那些宗教改革者身上，他們正試圖改革歐洲宗教，使其變得更簡潔、高效與現代。馬丁・路德（Martin

Luther，西元一四八三年至一五四六年）飽受憂鬱及暴怒的折磨。尤里希·慈運理（Ulrich Zwingli，西元一四八四年至一五三一年）以及約翰·喀爾文（John Calvin，西元一五〇九年至一五六四年）都和路德一樣，在人類存在的考驗前感到徹底無助——這是迫使他們去尋找解決方法的一種時代痼疾。他們的改革宗基督教表明，剛萌芽的現代精神與神話意識的對抗是何等激烈。在前現代宗教中，人們將相似性體驗為同一性，因此符號與它所代表的現實是同一的。然而現在，這些宗教改革者認為像是聖餐禮這樣的儀式「只是」一個符號而已——某種本質上分離的東西。和任何前現代儀式一樣，彌撒重演了基督犧牲之死，因為彌撒的神話性質，所以它是永恆的，這使它成為一個當前的現實。但是對這些宗教改革者而言，它只是對一個已經過去的事件的紀念。《聖經》得到了新的重視，但現代印刷術的發明以及識字率的空前普及改變了人們對於這個神聖文本的看法。一個人靜默地閱讀《聖經》取代了集體禮拜儀式中的大聲朗讀。人們現在可以更詳細地認識《聖經》並形成自己的看法，但不再是在儀式的背景下閱讀了，人們很容易用一種汲取事實資訊的世俗態度來閱讀《聖經》，就像閱讀任何其他現代文本。

許多現代發現都帶來了新的問題，就像生活中大部分事物也都是如此。新的天文學為我們展現了一幅迷人的宇宙景象。尼可拉斯・哥白尼（Nicolas Copernicus，西元一四七三年至一五四三年）以充滿敬畏的心情從事科學研究，他將它視為是種宗教活動。但他的發現卻讓人們感到不安。神話令人們相信他們與宇宙的本質緊密相連，但現在他們發現，在這個繞著一顆小星星轉的不起眼行星上，自己只占據了一個不重要的位置。他們再也無法相信自己的感知了，因為看似靜止不動的地球竟然是個高速轉動的球體。雖然他們越來越被鼓勵擁有自己的看法，但他們也越來越受制於那些可以獨自解開事物本質之謎的現代「專家」。

英國的法蘭西斯・培根（Francis Bacon，西元一五六一年至一六二六年）發表獨立宣言，將科學從神話的桎梏中解放出來。在一六〇五年出版的《學習的進步》（*Advancement of Learning*）中，他宣布一個光輝新時代的到來。科學可以終結人類的苦難並拯救世界，沒有任何事物能夠阻止它的腳步。所有宗教神話都要接受嚴格的批判，如果它們跟科學證實的事實相抵觸，就必須予以摒棄。理性是通往真理的唯一道路。第一個完全擁抱這種經驗主義精神也許是埃塞克．牛頓爵士（Sir Isaac Newton，公元一六四二年至一七二七年），透過嚴格使用發展中的實驗和演繹的科學原則，他成為前人研究發現的集大成者。他認為他將為他的人類同胞帶來前所未有的關於這個世界的確定訊息，他認為他所發現的宇宙體系跟事實完全吻合，而這證明了上帝的存在，他是創造了宇宙這部精巧複雜機器的偉大機械師。

然而全然浸淫在**理性思維**中的牛頓，不可能欣賞更為直觀的感知形式。對他而言，神話和神祕主義都是原始的思維模式。他覺得自己的任務是去清除基督教信仰中那些違背邏輯法則的教義，如三位一體說。但他完全不能明白的是，四世紀希臘神學家正是將這個教義當作神話創作出來的，就像那些猶太卡巴拉信徒一樣。正如尼撒的主教貴格利（Gregory, Bishop of Nyssa，西元三三五年至三九五年）所解釋的，父、子、靈並非客觀的本體論事實，只是「我們所用的術語」，目的是用來表達那「不可名也不可言說的」神性本質是如何適應人類心靈有限性。[109]你無法用理性的方法證明三一神的存在。就像音樂和詩歌的意義難以捉摸，它也是如此。但牛頓只能用理性的方式來認識三一神。如果一件事不能用邏輯解釋，那它就是虛假的。「這就是人類對宗教事物的那種狂熱與迷信傾向，」他暴躁地寫道，「永遠熱中於那些神祕事物，所以也最喜歡那些他們最不了解的東西。」[110]今天的宇宙學家不再相信牛頓的理性之神，但許多西方人卻仍和他一樣偏好理性、對神話感到不安，即便在宗教事物上也是如此。他們跟牛頓一樣認為上帝應該是客觀、可證實的真實。因此有相當數量的西方基督徒對於三一神感到難以認同。他們跟牛頓一樣無法理解三位一體神話的創作目的是要提醒基督徒他們根本不該以簡單的人格化方式來思考神性。[111]

---

109 Gregory of Nyssa, 'Not Three Gods'.

110 Richard S. Westfall, 'The Rise of Science and the Decline of Orthodox Christianity: A Study of Kepler, Descartes and Newton' in David C. Lindberg and Ronald L. Numbers (eds), *God and Nature: Historical Essays on the Encounter Between Christianity and Science* (Berkeley, Los Angeles and London, 1986), 231.

111 Gregory of Nazianzos, *Oration*, 29:6–10.

科學的理性思維與神話已變得誓不兩立。至今為止，科學一直是在一個全面性神話的框架內進行的活動，神話闡明了科學的意義。當沉思現代科學所開啟的無限宇宙的「永恆沉默」時，篤信宗教的法國數學家巴雷斯・帕斯卡（Blaise Pascal，西元一六二三年至一六六二年）內心充滿了恐懼。

> 當我看見人類的盲目與可悲，當我研究死寂的整個宇宙，發現人沒有給自己留下一點餘光，他彷彿迷失在這宇宙的一隅而不知是誰將自己安置於此、他必須做什麼，或是死後自己會變成什麼，徹底失去認識的能力時，我就被恐懼席捲，像是一個人在睡夢中被送到某個可怕的荒島上，醒來時不知自己身處何處，也無計可逃。然後我就驚奇，如此可悲的處境竟沒有令人們陷入絕望。[112]

---

112 Blaise Pascal, *Pensées* (trans. A. J. Krasilsheimer, London, 1966), 209.

這種的異化也是人們對現代體驗的一部分。

這片烏雲在十八世紀啟蒙時代的期間似乎消散了。約翰・洛克（John Locke，西元一六三二年至一七〇四年）認識到，要證明神聖的存在是不可能的，但是對於上帝的存在以及人類已邁向一個更積極向上的時代，他沒有任何懷疑。德國與法國的啟蒙哲學家則認為帶有神祕主義及神話色彩的宗教是落伍的。英國神學家約翰・多蘭（John Toland，西元一六七〇年至一七二二年）以及馬修・廷道爾（Matthew Tindal，西元一六五五年至一七三三年）也持相同看法。只有理性思維才能引領我們認識真理，因此基督教信仰必須擺脫其神祕主義及神話色彩。古老的神話如今開始被當成**理性思維**來詮釋，這種全新發展的結果注定是令人失望的，因為這些故事既不是、也從來不曾是事實的陳述。

弔詭的是，理性年代卻見證了非理性的急劇爆發。十六、十七世紀的獵巫狂潮席捲了歐洲的許多天主教與新教國家，這表明即便是科學理性主義也無法永遠阻止心靈黑暗力量的肆虐。獵巫狂潮是集體的惡魔幻想，導致成千上萬的男女被處決或酷刑折磨。人們認為女巫會跟惡魔交媾、會從空中飛去參加撒旦的狂歡宴會。沒有一個強大的神話能夠解釋人們的無意識恐懼，人們於是將這些恐懼理性化為事實。可怕、具破壞力的非理性始終是人類經驗的一部分，並且現在仍是。它在這場企圖將啟蒙理想轉譯為一種宗教形式的新基督教運動中表現得十分強勁。貴格派信徒（Quakers）[113]乃是因為他們常在聚會時發抖、嚎叫及高喊，因而得名。有許多清教徒都是成功的資本家、優秀的科學家，他們也有狂烈的屬靈生活以及留下心理創傷的改宗經驗，許多對信仰認識不深的人都維持不住。相當數量的人陷入了憂鬱狀態，有些人甚至自殺。[114]同樣的情形也出現在新英格蘭的「第一次大覺醒」運動（西元一七三四年至一七四〇年）。當時的每個人都企圖成為神祕主義者並達到某種不同的精神狀態。但是更高的密契狀態並不適合所有人。它需要特殊天

113 譯註：英文 quake 為動詞，顫抖之意。

114 R.C. Lovelace, 'Puritan Spirituality: The Search for a Rightly Reformed Church' in Louis Dupre and Don E. Saliers (eds), *Christian Spirituality: Post Reformation and Modern* (London and New York, 1989), 313–15.

賦、秉性以及一對一的訓練。一群沒有受過訓練並掌握相關技巧的人可能會導致集體歇斯底里甚至是精神官能症。

到了十九世紀，歐洲人開始認為宗教其實是有害的。路德維希・費爾巴哈（Ludwig Feuerbach，西元一八〇四年至一八七二年）主張宗教使人與自己的人性異化，卡爾・馬克思（Karl Marx，西元一八一八年至一八八三年）將宗教是為病態社會的病徵。而當時的神話性宗教也的確可能造成有害衝突。這是科學的年代，人們希望相信他們的傳統能夠符合這個新時代的要求，但如果你認為神話必須從字面上來理解的話，那麼這就是不可能的。查爾斯・達爾文（Charles Darwin，西元一八〇九至一八八二年）的《物種起源》（*The Origin of Species*，*1858*）出版於是引起了軒然大波。這本書只是對一個科學假設的冷靜探索，本無意攻擊宗教。但因為這時的人們把〈創世紀〉的宇宙演化論當成事實敘述來閱讀，許多基督徒就覺得（而且他們現在仍這麼覺得）他們的整個信仰體系危在旦夕了。創世神話從來沒有被認為是對歷史的正確描述；它們的目的是治療。但一旦你開始把〈創世紀〉當成是個科學事實，那麼你就會同時得到糟糕的科學與糟糕的宗教。

新的高等批判學（Higher Criticism）將現代科學方法應用到《聖經》上，但事實表明它不可能從字面上理解《聖經》。它的一些宣稱明顯不是真實的。《摩西五經》不是摩西寫的，而是在很久之後由許多不同作者完成；大衛王也不是《詩篇》的作者；大部分的奇蹟故事都是文學比喻。聖經敘事是「神話」，用通俗的說法，意思就是它們不是真的。高等批判學現在仍是新教基要主義者的棘手難題，因為他們宣稱無論就字面上、科學上或歷史上來解讀，聖經的每一個字都是真實的——一個站不住腳的立場，只會導致否認現實、防衛式的針鋒相對。

到了十九世紀末，**理性思維**與**神話思維**似乎已經徹底分道揚鑣了。像湯瑪斯・H・赫胥黎這樣的聖戰士認為他們終有一戰。人們必須在神話與理性科學之間做出選擇，中間沒有妥協餘地。只有理性能代表真理，而宗教的神話則是虛假的。但真理已經被侷限於「已證明以及可被證明」事物的範圍內了，[115]撇開宗教不談，這已經排除了藝術或音樂所述說的真理。透過將神話視為理性思維來對待，現代科學家、批評家及哲學家已經讓宗教變得令人難以相信了。一八八二年，弗里德里希・尼采（Freidrich Nietzsche，西元一八四四年至一九〇〇年）宣布上帝已死。在某個意義上，尼采是對的。失去了神話、崇拜群體、儀式及倫理生活，神聖感就會消亡。透過將「上帝」變成一種只有批判的智性才能企及的全然觀念性真理，現代人已經親手殺死了上帝。尼采《快樂科學》（*The Gay Science*）寓言中的瘋子認為上帝之死已將人性從其根基中拔起。「我們還能辨別方向嗎？」他問：「我們不是流離失所，好像正在穿越一片無垠虛空嗎？」[116]

神話的思維與實踐曾幫助過人類面對及經歷滅絕與虛無的前景，並某程度接受它們的必然性。若沒有這樣的訓練許多人將很難克服絕望的情緒。人們在二十世紀中看見了一個接一個虛無主義的偶像誕生，現代性及啟蒙的許

115 T.H. Huxley, *Science and Christian Tradition* (New York, 1896), 125.

116 Friedrich Nietzsche, *The Gay Science* (New York, 1974), 181.

多奢望也都成了泡影。一九一二年的鐵達尼號沉船事件顯示了科技的脆弱性；第一次世界大戰暴露出我們的好朋友科學竟然也能被用來製造致命武器；奧茲威辛（Auschwitz）、古拉格（Gulag）及波士尼亞發生的慘劇在在向人說明，當人們失去對神聖的所有感受力時將會發生何種後果。我們認識到理性教育無法將人類從野蠻狀態中拯救出來，集中營與偉大的大學可以同時並存。第一批在日本廣島與長崎爆炸的原子彈暴露出，在現代文化的核心，虛無主義的自我毀滅進程已經啟動了；二〇〇一年九月十一日針對美國世界貿易中心的恐怖攻擊表明，包括科技、旅行和全球溝通的便利等現代性帶來的好處都可能成為恐怖主義的工具。

理性思維從很多方面改善了我們的生活，但這並不是一個全然的勝利。對我們之中許多居住在第一世界國家的幸運兒而言，我們這個去神話化的世界是個舒服的地方，但它並不是如培根與洛克所預言的人間天堂。當我們沉思二十世紀這些黑暗的神顯時，我們明白現代性焦慮並不只是種自我放縱的精神官能症。我們正面對著某種前所未有的困境。其他社會將死亡視為前往其他生存模式的過渡階段。它們並沒有灌輸人們簡化而庸俗的來世觀念，而是設計出儀式與神話來幫助人們面對那不可言說的未知。其他文化不會讓人們在通過或啟悟儀式中得到安頓的同時，還帶著揮之不去的恐懼。但這正是我們必須在神話缺位的情形下必須做的。我們當前對神話的拒斥帶有某種令人動容的、甚至是英雄主義的禁慾主義色彩。但是純粹線性、邏輯、歷史的思維模式已經將我們阻擋在獲得治療及生存技巧的門外，這些東西可以讓我們發揮人性中的全部潛能，以便與不可接受的命運共存。

我們或許在物質方面上是更為精緻老練了，但我們在靈性上並未超越軸心時代——因為我們對神話思維的壓抑，我們甚至可能是倒退了。我們仍渴望「超越」我們眼前的環境，進入一種「完全時間」，那是種更為強烈、更令人滿足的存在。我們試圖透過藝術、搖滾樂、藥物，或甚至透過電影超越人生的視角來進入這種存在維度。我們仍尋找著英雄。貓王和黛安娜王妃都曾被人塑造成「速食的」神話人物，甚至是宗教崇拜對象。但是這種吹捧似乎有些過度了。英雄神話不是為了向我們提供可以欣賞讚美的偶像，而是要激發我們人性中本有的英雄主義精神。神話必須激發人去模仿或參與，而不是被動的沉思。我們不再知道該如何透過對我們的靈性具有挑戰性與轉化性的方式來管理我們的神話生活。

我們必須糾正認為神話是虛假的，或神話只是一種劣等思維模式的十九世紀謬誤。雖然我們不能讓自己重活一遍、驅除我們所受教育中的理性偏見，並重新取回我們在前現代的神聖感受力。但我們仍可以對神話採取一種更為尊重的態度。我們是創造神話的生物，在二十世紀期間，我們已經看見某些非常具有破壞力的現代神話，它們的下場是大屠殺與種族滅絕。這些神話之所以失敗是因為它們並不符合軸心時代的神話標準。也就是它們缺乏悲憫心、對生命神聖性的尊重，或者是孔子所謂的「仁道」。這些破壞性神話帶有狹隘種族、族群、宗派色彩，並且極端自我中心，企圖透過妖魔化他者來高舉自己。任何這樣的神話都挫敗了現代性，它創造出一個地球村，而現在，所有居住在這裡的人類都發現自己陷入了同樣的困境。我們不能光靠理性來對抗這些糟糕的神話，因為純**理性思維**無法處理這類根深蒂固、未被驅除的恐懼、欲望與精神官能症。這正是具有倫理與靈性本質的神話所扮演的角色。

我們需要神話來幫助我們與我們的人類同胞產生認同，而不是只認同那些屬於我們族群、國家或意識形態部落的人。我們需要神話來幫助我們明白悲憫心的重要性，雖然在我們這個崇尚實用主義的理性世界中，人們並不總認為悲憫心能帶來足夠的生產力或效率。我們需要神話來幫助我們創造出一種屬靈的態度，能夠看見超越我們當下的需求，並使我們體驗到那挑戰我們唯我獨尊的自私心態的超越價值。我們需要神話來幫助我們重新尊敬大地的神聖性，而不是僅將它當成可利用的「資源」。這無比重要，因為除非發生某種能夠與我們科技的進步並駕齊驅的靈性革命，否則我們將無法拯救我們的星球。

一九二二年T．S．艾略特在他最傑出的詩作之一《荒原》（*The Waste Land*）中描繪了一幅西方文化靈性崩壞的景象。在聖杯的神話中，人們在荒原中過著不真實的生活，盲目跟從社會規範而缺乏因深刻理解而產生的信念。當人們已經與他們文化的神話基礎失去連繫時，我們如何可能將創造力扎根於現代性那毫無生機的亂石堆中呢？人們不了解自身傳統的內在連貫性，他們知道的「只是一堆破碎的圖像」。艾略特以辛辣而精妙的筆法提及歐洲、梵文、佛教、聖經、希臘和羅馬神話，透過這種手法他揭示了當代生活的貧瘠：歧異化、無聊、虛無主義、迷信、自我中心及絕望。面對著西方文明的末日將至，詩中的敘事者做出了這樣的結論：「是這些碎片支撐著我的廢墟。」他將來自過去的這些支離破碎洞見蒐集在他的詩中，而它們能夠拯救我們。當我們將它們拼湊起來並找到其共同核心時，我們就能讓我們所居住的這片荒原重新恢復生機。

艾略特的詩是個預言。作家與藝術家始終比宗教領袖更早有勇氣踏入這靈性真空，並嘗試讓我們重新了解過去神話中的智慧。面對著現代性某些面向展現出的貧瘠與無情殘酷，畫家們在試圖找到解答時轉向了神話的主題。一九三七年四月二十日，西班牙內戰正如火如荼，在佛朗哥將軍的命令下，納粹的飛機在市集日攻擊了巴斯克自治區的格爾尼卡（Guernica）鎮，七千名居民中有一千六百五十四名因此而命喪黃泉。幾個月後，畢卡索在巴黎世界博覽會上展出了《格爾尼卡》。這幅現代、世俗意義上的十架受難圖像震驚了當時代的人，然而，就像《荒原》一樣，它是一個預言性聲明，同時也是反對我們勇敢新世界中非人性荒原的最有力口號。

這幅畫充滿了悲憫心，那是一種感受他人痛苦的能力。犧牲曾經是人類最早的神話思考的靈感來源。在舊石器時代，人類曾感覺自己與他們捕獵及殺害的動物間有種令人不安的親密關係。他們在犧牲儀式中表達他們那種不明所以的哀傷，這些儀式紀念了那些為人類犧牲自己生命的野獸。在《格爾尼卡》中，人類與動物都是一場無差別的任意大屠殺的受難者，他們層層疊疊地倒成了一堆，尖叫的馬匹與被斬首的人類形體彼此交纏不分。兩個女人凝視著受傷的馬匹，對祂的痛楚充滿了悲傷與深刻同情，令人回想起描繪耶穌被釘十字架的無數畫作中出現在十字架底下的那些女人。在史前社會，大母神曾是個無情的獵人，但在畢卡索的畫作中，抱著死去孩子癱軟屍體的母親則成了受難者，無聲地發出的哀嚎。在她身後是隻公牛，畢卡索曾說公牛代表殘暴野蠻。畢卡索一直都對鬥牛的壯觀儀式感到著迷，鬥牛是西班牙的民族運動，它的根源可追溯至古代的獻祭儀式。畢卡索的公牛看上去並不野蠻；他和其他受害者站在一起，甩著尾巴打量現場。有人指出這也許是因為在這場鬥牛賽中他已經完成了一個行動，現在正要抽身後退好考慮下一步該怎麼走。但是身為犧牲的受難者一員，這隻象徵殘暴的公牛注定逃不過死亡的命運。也許畢卡索在暗示這也是現代人類的下場；儘管畢卡索當時不可能知道，現代人類對其自我毀滅及理性計算暴力之最大潛能的探索，才剛剛開始而已。

小說家在探索現代困境時也轉向了神話。我們只需想想與《荒原》同一年出版的詹姆士・喬伊斯（James Joyce）的《尤里西斯》（*Ulysses*），喬伊斯書中的當代主人公的經歷符合了荷馬史詩《奧德賽》（*Odyssey*）中的情節。魔幻寫實主義者如豪爾赫・路易斯・博爾赫斯（Jorge Luis Borges）、君特・葛拉斯（Günter Grass）、伊塔羅・卡爾維諾（Italo Calvino）、安潔拉・卡特（Angela Carter）以及薩爾曼・魯西迪（Salman Rushdie），他們都曾透過結合現實與不可說明者、結合日常理性與夢和童話的**神話思維**，而挑戰了**理性思維**的霸權。其他的小說家則將眼光轉向未來。喬治・歐威爾（George Orwell）的《一九八四》（*Nineteen Eighty-Four*，*1949*）警告我們警察國家的危險，在這樣國家中力量就是正義，過去被持續修改以符合現在。歐威爾小說的真正意涵受到許多的討論，但就如過去所有的偉大神話，它已成為大眾意識的一部分。小說中的許多短語與意象，包括書名本身，都已成為日常用語：老大哥（Big Brother）、雙重思考（Doublethink）、新語、一〇一室（Room 101）都被人們用來指認現代生活的趨勢與特徵，即使沒有讀過這部小說的人也是如此。

但一本世俗小說真的能夠複製傳統神話，和它的男神與女神？我們已經看到，在前現代世界裡，人們很少以西方**理性思維**強加的形上學概念來看待神話，他們通常是用它來幫助人們了解自己的人性。隨著人們生活環境的變化，諸神多已退場，僅在神話與宗教中占據著邊緣位置，有時甚至完全消失。因此在神沒有角色的當代小說中這並不是什麼新事，就像古代神話般，它們也嘗試著要去解決人類境況中同樣那些棘手而難解的問題，並使我們明白——無論諸神的地位為何——人類不僅是由他們物質環境所構成，所有人都擁有神聖的價值。

由於這些小說家、藝術家和神話創作者是在同一意識層次上運作，他們自然就會訴諸於相同主題。約瑟夫·康拉德（Joseph Conrad）的《黑暗之心》（*Heart of Darkness*）可被視為英雄式追尋以及走錯路的啟悟儀式。這部小說出版於一九〇二年，就在西方開始對現代產生大幻滅前，它描繪極其有文明教養的庫爾茲先生逗留非洲叢林深處時的一段經歷。在傳統神話中，英雄總是將社會世界的安全舒適生活拋在腦後。他經常要下探到地底深處，才能遇見自己意想不到的另一面。孤立與物質剝奪的經驗可能造成他的心理崩潰，並使他得到重要的新領悟。如果他成功了，英雄將帶著全新而珍貴的事物回到他的族人身邊。在康拉德的小說中，迷宮般曲折、險惡的非洲河流令人回想起拉斯科的地底隧道，參加啟悟儀式者匍匐穿越它以回歸大地子宮。而在原始叢林的地底世界中，庫爾茲確實窺見了自己內心的黑暗面，但他卻沒有走出他的回歸，並導致靈性的死亡。他成了一個驕縱的薩滿，對受到他凌虐的那個非洲部落毫無尊重，只有輕蔑不屑。神話英雄認識到，只有當他向著自己死時，他才能獲得新生；但庫爾茲卻陷入他那貧瘠的自我中心的網羅中，當他在最後一次出現在小說中時，他已經成了一具猥瑣的軀殼。庫爾茲耽溺於自己的盛名，他要的不是成為英雄，而是碌碌無為的名流。他無法以英雄行徑來肯定生命：他死前最後說的一句話是「恐怖啊！恐怖！」T．S．艾略特將庫爾茲的遺言作為《荒原》的題詞。康拉德是位真正的先知，他已經看見了二十世紀人性的淺薄瑣碎、自私自利、虛無主義，以及絕望。

托馬斯．曼（Thomas Mann）也在《魔山》（*The Magic Mountain*，*1924*）中使用了啟悟的主題，故事發生在西方歷史上的另一個悲劇時刻。他坦承這並不是他的初衷，但是當一位年輕的哈佛學者向他指出這部小說是「英雄追尋者」的現代版本時，他立刻明白事實正是如此。英雄式追尋神話已深深嵌入他的潛意識中，他從它汲取靈感，卻沒有意識到自己做了什麼。曼小說中的達沃斯（Davos）療養院變成了「一座進行啟悟儀式的聖殿，一個冒險探索生命奧祕的地方」。他的英雄漢斯．卡斯托普（Hans Castrop）是個尋找聖杯的人，而聖杯則是賦予生命意義的「知識、智慧及神聖奉獻」的象徵。卡斯托普「自願擁抱疾病與死亡，因為他和它們的第一次交手必會帶給他非凡的進步，而當然，這要冒著相應的巨大風險」。然而，與此同時，這場現代啟悟也帶有二十世紀那種慣性的淺薄瑣碎色彩。曼看見療養院的病人形成一個「孤立、個人主義的小圈圈」。當傳統探求者希望造福自己的社會時，卡斯托普展開的卻是一場唯我主義、寄生的，並且終究毫無意義的追尋。[117]他在他的魔山度過了七年時光，編織著他的人類大夢，卻死於第一次世界大戰；那場戰爭簡直可說是歐洲的集體自殺行為。

麥爾坎．勞瑞（Malcolm Lowry）的《火山下》（*Under the Volcano*，*1947*）將故事場景設在二戰前夕的墨西哥。小說追溯了一位酒鬼領事的一生，他既是勞瑞的**另一個自我**，但小說裡也清楚表明這位主角是個普通人。這本書從

---

117 Thomas Mann, 'The Making of *The Magic Mountain*', in *The Magic Mountain.* (trans. H.I. Lowe Porter, London, 1999), 719-29.

一家叫德博斯科的小酒館開始說起，這令人回想起但丁〈神曲．地獄篇〉（*Inferno*）「黑森林」，那天是亡靈日，人們認為死者在這一天與生者交流。勞瑞在整本小說中探索了生命與死亡不能分割的這個古老神話洞見。小說持續將墨西哥風景的美麗與豐盈生機——一座伊甸園——與地獄中的死亡與黑暗意象並置。明顯瑣碎的細節獲得了普世的意義。人們躲避暴風，就如世界各地的戰爭受害者在防空洞中躲避空襲；電影院的燈熄滅了，恰似正陷入一片黑暗中的歐洲。電影《奧拉克之手》（*Las Manos de Orlac*）廣告中鮮血染紅的手提醒我們人類的集體罪孽；摩天輪象徵著時間的流逝；路邊垂死的農夫提醒我們世界各地的人們正在默默死去。隨著領事變成酒精中毒的酒鬼，他對周遭世界產生的幻覺也變得越來越強烈，幻覺中的事件與事物超越了它們的特殊性。在古老神話中，一切事物都有神聖的意義，沒有一件事物是世俗的。正如勞瑞小說中的亡靈日，沒有什麼是中性的：一切都乘載著命運的意義。

這部小說描繪一九三九年前那個醉酒的世界。領事喝下的每一杯酒都令他離不可避免的死亡更近一步。就像那位領事，人類也已失控並正在步入災難。人類被死亡的願望所攫獲，失去了活下去的能力及清晰的願景。卡巴拉信仰將濫用自己力量的神祕主義者比作一個酒鬼。這正是這部小說的中心意象：就像一個迷失的魔法師，人類釋放出他們無法控制的力量，這力量最終將毀滅世界。勞瑞告訴我們他在這裡想到了原子彈。然而，《火山下》本身並不是部虛無主義小說，它在喚起人類悲愴、美麗與可愛的荒謬性時，也流露出深刻的悲憫。

我們已經看到，人類從不是在一個全然世俗的背景下接觸到神話。只有在禮拜儀式的脈絡中才能理解神話，儀式將神話從日常生活中區隔開來；神話必須被體驗為個人轉化過程的一部分。當然了，這一切都不適用於小說，小說能夠在任何地方閱讀，不受儀式所束縛，而且小說必須（如果這樣做有好處的話）避免公然說教。然而，閱讀小說的經驗確實有某些特質會使我們想起傳統對神話的理解。可以將閱讀小說當成某一形式的冥想。讀者必須與一部小說共處數日或數週。它將讀者投射到另一個世界，與他們的日常生活平行卻又有別的世界。他們完全清楚這個虛構的世界不是「真的」，然而當他們讀小說時，卻又不得不相信它是真的。一部強大的小說會成為我們生活背景的一部分，那怕我們已放下書本許久，仍覺得從未離開。它是個假想練習，就像瑜伽或宗教慶典，它會打破時空的藩籬，延伸我們的同理範圍，使我們有能力感同身受他人的生活與哀傷。它教導悲憫心，也就是與他人「共感」的能力。而一部重要的小說——就像神話——必然是具有轉化能力的。如果我們允許小說發揮它的轉化力，它就能永遠改變我們。

我們已經看到，神話是種藝術形式。一個強大的藝術作品會闖入我們的存在，並永遠改變它。英國批評家喬治．史坦納（George Steiner）聲稱，就像某些種類的宗教和形上學體驗一樣，藝術是人類體驗中最具「侵入性」以及轉化力的召喚。它是種具有侵略性的行為不檢，「質問我們存在的最後一些隱私」；它是天使來報佳音，「闖入了我們那座處於警戒狀態的存有的小屋，」於是，「它再也無法像從前那樣適合居住了」。它還是一次超越的邂逅，它實際上是在向我們傳達一個訊息：「改變你的生活。」[118]

如果人們以某種嚴肅的專注心態來書寫與閱讀一部小說，它就會像神話或任何偉大的藝術作品一樣成為一個啟悟儀式，幫助我們經歷那個痛苦的通過儀式，從人生的一個階段——某種心靈狀態——進入到另一階段。一部小說就像一個神話，教會我們以不同的眼光來看世界；向我們顯示如何從超越我們自身利益的角度來審視我們的內心及看待我們的世界。如果專業的宗教領袖不能在神話傳說方面指導我們，我們的藝術家和富有創造力的作家也許可以接下這個牧師般的角色，為我們失落而遍體鱗傷的世界帶來新的洞見。

118 George Steiner, *Real Presences: Is there anything in what we say?* (London, 1989), 142–43.

國家圖書館出版品預行編目資料

神話簡史 / 凱倫・阿姆斯壯（Karen Armstrong）著；陳雅馨 譯. -- 初版. -- 臺北市：商周出版：城邦文化事業股份有限公司出版：英屬蓋曼群島商家庭傳媒股份有限公司城邦分公司發行, 民110.05
面： 公分
譯自：A Short History of Myth
ISBN 978-986-5482-84-8（平裝）
1. 神話 2.歷史
280 110004710

神話簡史

原著書名 / A Short History of Myth
作者 / 凱倫・阿姆斯壯（Karen Armstrong）
譯者 / 陳雅馨
企畫選書 / 林宏濤
責任編輯 / 劉俊甫

版權 / 黃淑敏、劉鎔慈
行銷業務 / 周佑潔、周丹蘋、黃崇華
總編輯 / 楊如玉
總經理 / 彭之琬
事業群總經理 / 黃淑貞
發行人 / 何飛鵬
法律顧問 / 元禾法律事務所 王子文律師
出版 / 商周出版
臺北市中山區民生東路二段141號9樓
電話：(02) 2500-7008 傳眞：(02) 2500-7759
E-mail：bwp.service@cite.com.tw
發行 / 英屬蓋曼群島商家庭傳媒股份有限公司城邦分公司
臺北市中山區民生東路二段141號2樓
書虫客服服務專線：(02) 2500-7718・(02) 2500-7719
24小時傳眞服務：(02) 2500-1990・(02) 2500-1991
服務時間：週一至週五09:30-12:00・13:30-17:00
郵撥帳號：19863813 戶名：書虫股份有限公司
讀者服務信箱E-mail：service@readingclub.com.tw
歡迎光臨城邦讀書花園 網址：www.cite.com.tw
香港發行所 / 城邦（香港）出版集團有限公司
香港灣仔駱克道193號東超商業中心1樓
電話：(852) 2508-6231 傳眞：(852) 2578-9337
E-mail：hkcite@biznetvigator.com
馬新發行所 / 城邦(馬新)出版集團 Cité (M) Sdn. Bhd.
41, Jalan Radin Anum, Bandar Baru Sri Petaling,
57000 Kuala Lumpur, Malaysia
電話：(603) 9057-8822 傳眞：(603) 9057-6622
E-mail：cite@cite.com.my

封面設計 / 木木Lin
排版 / 新鑫電腦排版工作室
印刷 / 高典印刷有限公司
經銷商 / 聯合發行股份有限公司
電話：(02) 2917-8022 傳眞：(02) 2911-0053
地址：新北市231新店區寶橋路235巷6弄6號2樓

■2021年（民110）5月初版
定價 280元

Printed in Taiwan
城邦讀書花園
www.cite.com.tw

ISBN 978-986-5482-84-8

商周出版

廣　告　回
北區郵政管理登記
台北廣字第000791
郵資已付，免貼郵

104台北市民生東路二段141號2樓

英屬蓋曼群島商家庭傳媒股份有限公司　城邦分公司

請沿虛線對摺，謝謝！

商周出版

書號：BR0055	**書名：**神話簡史	**編碼：**

請於此處用膠水黏貼

商周出版

讀者回函卡

感謝您購買我們出版的書籍！請費心填寫此回函卡，我們將不定期寄上城邦集團最新的出版訊息。

不定期好禮相贈！
立即加入：商周出版
Facebook 粉絲團

姓名：＿＿＿＿＿＿＿＿＿＿＿＿＿＿＿＿ 性別：☐男 ☐女

生日：西元＿＿＿＿＿＿年＿＿＿＿＿＿月＿＿＿＿＿＿日

地址：＿＿＿＿＿＿＿＿＿＿＿＿＿＿＿＿＿＿＿＿

聯絡電話：＿＿＿＿＿＿＿＿＿＿ 傳真：＿＿＿＿＿＿＿＿＿＿

E-mail ：

學歷：☐ 1. 小學 ☐ 2. 國中 ☐ 3. 高中 ☐ 4. 大學 ☐ 5. 研究所以上

職業：☐ 1. 學生 ☐ 2. 軍公教 ☐ 3. 服務 ☐ 4. 金融 ☐ 5. 製造 ☐ 6. 資訊

☐ 7. 傳播 ☐ 8. 自由業 ☐ 9. 農漁牧 ☐ 10. 家管 ☐ 11. 退休

☐ 12. 其他＿＿＿＿＿＿＿＿＿＿＿＿＿＿＿＿

您從何種方式得知本書消息？

☐ 1. 書店 ☐ 2. 網路 ☐ 3. 報紙 ☐ 4. 雜誌 ☐ 5. 廣播 ☐ 6. 電視

☐ 7. 親友推薦 ☐ 8. 其他＿＿＿＿＿＿＿＿＿＿＿＿

您通常以何種方式購書？

☐ 1. 書店 ☐ 2. 網路 ☐ 3. 傳真訂購 ☐ 4. 郵局劃撥 ☐ 5. 其他＿＿＿＿

您喜歡閱讀那些類別的書籍？

☐ 1. 財經商業 ☐ 2. 自然科學 ☐ 3. 歷史 ☐ 4. 法律 ☐ 5. 文學

☐ 6. 休閒旅遊 ☐ 7. 小說 ☐ 8. 人物傳記 ☐ 9. 生活、勵志 ☐ 10. 其他

對我們的建議：＿＿＿＿＿＿＿＿＿＿＿＿＿＿＿＿＿＿＿＿

＿＿＿＿＿＿＿＿＿＿＿＿＿＿＿＿＿＿＿＿

＿＿＿＿＿＿＿＿＿＿＿＿＿＿＿＿＿＿＿＿

請於此處用膠水黏貼